フィギュール彩 101

La guerre de Paul de Man
Tomonori Tsuchida

ポール・ド・マンの戦争

土田知則

figure Sai

彩流社

目次

第二章 ポール・ド・マンと二人のコラボラトゥール 70

第四章　ポール・ド・マンと「物質性」に関する二つの解釈系列　144

※　註は、各章末に付した。

LE SOIR — MARDI 4 MARS 1941

LES JUIFS ET NOUS

LES ASPECTS CULTURELS

Les deux faces du judaïsme

La peinture juive et ses répercussions

Une doctrine juive : Le Freudisme

Les Juifs dans la Littérature actuelle

『ル・ソワール』紙 1941 年 3 月 4 日付の特集記事
「ユダヤ人とわれわれ」。
右下の “Les Juifs dans la Littérature actuelle”
（「現代文学におけるユダヤ人」）が、
ポール・ド・マンの書いた記事。
Werner Hamacher, Neil Hertz, and Thomas Keenan, eds.,
Wartime Journalism, 1939-1943, University of Nebraska
Press, 1988. より。

序

ベルギーのアントワープに生まれたポール・ド・マン(一九一九—八三年)は、一九四八年、アメリカに渡り、やがて「イェール学派」と総称されるアメリカ「脱構築批評」界の中心人物として輝かしい業績を遺すことになる。だが、その生涯は決して穏やかなものではなかった。比較的恵まれた家庭に育ったとはいえ、ナチス・ドイツによる占領や脅威に晒され続けた青年時代は、終始暗鬱な空気のなかで過ごされたと言ってよいだろう。

青年時代の行状および、彼が故国を離れ、イェール大学教授として学界の頂点に登り詰めるまでの経緯等については、イヴリン・バリッシュ『ポール・ド・マンの二重生活』(Evelyn Barish, *The Double Life of Paul de Man*, Liveright, 2014)、巽孝之『盗まれた廃墟——ポール・ド・マンのアメリカ』(彩流社、二〇一六年)等によって既に詳らかにされている。若き日の決して方正とは言えない行動(学歴詐称、詐欺、重婚、等々)についても、少なからず取り沙汰されている。それらについては今紹介した文献等を参照していただきたい。

本書が中心的に扱うのは、ド・マンの個人的な行状や履歴ではなく、彼の死後、突如惹起された欠席裁判とも称すべき大論争、いわゆる「ポール・ド・マン事件」に関わる問題である。

死から四年後の一九八七年八月、欧米を中心とする世界の言論界・思想界に一種狂乱的な騒動が持ち上がる。若き日のド・マンがベルギーの大手日刊紙『ル・ソワール』に寄せた文章「現代文学におけるユダヤ人」（一九四一年三月四日掲載）が発見され、その内容が親ナチ的として厳しく非難・糾弾されたのだ。翌一九八八年、ド・マンが『ル・ソワール』紙等に執筆した文章をほぼ隈なく集めた書物『戦時ジャーナリズム　一九三九―一九四三年』（*Wartime Journalism, 1939-1943*, edited by Werner Hamacher, Neil Hertz, and Thomas Keenan, University of Nebraska Press）が急遽刊行される。この衝撃的な出来事は、批判派と擁護派の大掛かりな激論を引き起こすが、翌一九八九年、『応答――ド・マンの戦時ジャーナリズムについて』（*Responses: On de Man's Wartime Journalism*, University of Nebraska Press）という論文集が同じ三人の編者によって刊行され、論争は曖昧で尻すぼまりの印象を拭い去れないまま、減速していく。束の間の乱痴気騒ぎのようなこの出来事は何故生じたのか。「ド・マン事件」とはいったい何だったのか。本書の目的は、「現代文学におけるユダヤ人」を含め、ベルギー時代のド・マンが執筆した幾篇かの新聞記事等を精査しながら、この事件の根底に潜む問題を明らかにするとともに、ジャーナリスト時代のド・マンとその後のド・マンの、思想的・言語的な接続性および断続性について思考・考察することにある。本文は以下のとおり、五つの章と三つの【コラム】によって構成されている。

第一章「「卑俗な」という危うげな一語に託して――ポール・ド・マンの選択」では、「ポール・ド・マン事件」の引き金となった新聞記事、「現代文学におけるユダヤ人」の内容を精密に吟味する。この文章は「ユダヤ人とわれわれ」と題された特集記事の一つとして書かれたが、そこには、ド・マンの他、三人の論者が文章を寄せている。ド・マンの記事の性格および、彼がこのとき置かれていた状況を誤りなく把握するためには、彼以外の三人の記事と照らし合わせながら、彼自身の記事を読む必要がある。ド・マンの仕事は、論考「時間性の修辞学（The Rhetoric of Temporality）」が発表された一九六七年頃を境に決定的に変化したとされている。「歴史（学）的」・「現象学的」方法から、「言語（学）的」・「修辞（学）的」方法への転回。そうした評価・分析は概ね正しいと言えよう。だが、ド・マンの記事「現代文学におけるユダヤ人」――特に冒頭付近――を今改めて精読するなら、そのエクリチュールには、やがて修辞的な作用として積極的に読み明かされることになる、言語の脱構築的なドラマが既に内在していたことに気づかされるであろう。

第二章「ポール・ド・マンと二人のコラボラトゥール」で検討されるのは、第二次世界大戦中の親ナチ的な言動によって断罪された二人のフランス人作家――ロベール・ブラジヤックとピエール・ドリュ・ラ・ロシェル――に対するド・マンの評価である。ド・マンは「現代文学におけるユダヤ人」を寄稿した一九四一年、同じ『ル・ソワール』紙に、この二人の「対独協力作家」（いわゆる「コラボ（ラトゥール）」）に関する記事を発表している。ド・マンを糾弾しようとする人たちにとって、この二篇はおそらく格好の攻撃材料となったであろう。特定の作家について書評や記事を書くことは、その作家を（高く）評価している証拠とみなされがちだからである。だが、批判者たちの期待に反し、そこで展開されるド・マンの議論はナチス・ドイツとはほぼ無関係であることが判明するだろう。「ナチ（ス）」、「ファシスト的イデオロギー」といった言葉が使用されていることは確かだが、そうした表現はむしろ否定的なコンテクストのなかで機能している。二人の作家に対する態度にも対照的な温度差が感じられる。ブラジヤックの瑞々しい感性が評価される一方、ドリュ・ラ・ロシェルの論理は手厳しく批判されている。

第三章「歴史から言語へ――ポール・ド・マンの言語論的転回」において明らかにされるのは、前期ド・マンと後期ド・マンの間に立ち現われる、方法意識のドラスティックな転換・転回である。第一章でも指摘しているように、ベルギー時代の書き物にも、そうした後の転換・転回を予想させるものがまったく無いわけではない。だが、【コラム】として訳出した幾つかの新聞記事が証明するように、前期ド・マンと後期ド・マンの間に方法意識をめぐる決定的な乖離があることは誰の目にも明らかである。最も大きな断絶は、「歴史」から「言語」へという意識転回と深く関わっている。「物質性」、「出来事」、「アレゴリー」、「機械」といった、後期の著作を彩るド・マン独特の諸概念も、こうした転回とともにもたらされる。それらはやがて、ド・マンの「脱構築批評」を支える枢要な柱になると同時に、「ド・マン事件」という名のもとに勃発する、「脱構築」全般への激烈な誹謗・中傷を引き起こす種にもなるであろう。

第四章「ポール・ド・マンと「物質性」に関する二つの解釈系列」では、後期ド・マンが駆使する難解な諸概念のなかでも最も晦渋と思われる「物質性」について検討する。この用語・概念については、それをあくまでも抽象的な理念として捉えようとする論者(レイ・テラダ、マーク・レッドフィールド、ジャック・デリダ、J・ヒリス・ミラー等)と、具象的な物質=もの(性)として受け止めようとする論者(マーティン・マックィラン等)がいる。だが、理念派の議論には、かなり微妙な――ときには、反転的な――揺動が認められ、両者の見解が不即不離の形で対峙し合っている、というのがおそらく現状と言えよう。ド・マン自身の議論に照らすなら、「物質性」とはあくまでも具象的な物質=ものということになるのだろうが、それもまた、それほど単純な問題ではない。筆者の解釈は、どちらかと言えば具象派のそれに近い。したがって、そのどちらを選ぶかは、読者それぞれの判断に委ねることにし、ここでは、この晦渋な概念を把握するのに役立つと思われる小説の一節を分析・紹介することにした。その小説は、中島敦が一九四二年(奇しくも、ド・マンがベルギーで新聞記事を書いていた頃)に発表した「文字禍」と題された短編である。「文字の物質性」という表現を多用するド・マンのテクスト効果から生じた、筆者の戯れ的な読みの試みとして読んでいただければ幸いである。

第五章「「ポール・ド・マン事件」とは何だったのか」では、この騒動に渦巻く様々な思惑、当時の言論界を席巻した思考の狂乱について再確認する。考察の材料として取り上げたのは、『応答――ド・マンの戦時ジャーナリズムについて』に収められたJ・ヒリス・ミラーの文書＝論考(「ジョン・ウィーナー教授への公開質問状」)である。

全三八篇の論考から敢えてこの文書＝論考を選んだことについては、幾つかの理由がある。先ず、私的な理由として、筆者自身の立場が、著者ミラーのそれと極めて近しい位置にあること(本書での議論は終始、そうした立場を維持している)。次に、ミラー自身も、この「事件」のいわば被告だったこと(ミラーは、既に死去していたド・マンの、まさに共犯者の一人として糾弾されていたのだ)。そして、何よりも重要なのは、ミラーのこの文書＝論考が、こうした事態を出来させた要因・動因を、当時の言論界に蔓延していた「読むこと」の不在、「脱構築(批評)」に対する深刻な無理解・暴力として、的確に暴き出していることである。

第三章、第四章は、「ポール・ド・マン事件」とは直接関わりない、と感じられるかもしれない。

糾弾されたのは、ベルギー時代の、いわゆる「親ナチ的」行状だったはずだからである。だが、第五章で確認しているように、ド・マンの批判者たちが、この騒動において徹底的に遣り込め、誹謗・中傷しようとしたのは、記事「現代文学におけるユダヤ人」を書いたド・マンだけではなかった。彼らの真の標的は「脱構築」と称される「読み」の実践、さらには「文学理論」全般だったのだ。ド・マンは最期まで、そうした執拗な非難に晒され続けた。デリダやミラーの表現を借りるなら、それは文字どおり、死後までも続く「戦争」だったと言えるだろう。

【コラム】①・②・③という形で組み入れたのは、ド・マンがベルギー時代に執筆した記事・文章一二篇（いずれも、『戦時ジャーナリズム　一九三九―一九四三年』所収）の邦訳（拙訳）と（訳者解題）である。「ド・マン事件」の最中、これらの記事・文章に真摯に目を通し、この騒動の内実について真剣に議論しようとした人は、果たしてどれほど存在したであろうか。ここに紹介できたのは、僅か一二篇に過ぎないが、若き日のド・マンの思想を探るには、極めて重要な資料と言えるだろう。掲載された新聞等の名称と記事数の内訳は以下のとおりである。『ル・ソワール』紙（四篇）、『ヘット・フラームスへ・ラント』紙（五篇）、『ジュディ』紙（一篇）、『カイエ・デュ・リーブル・エグザマン』誌（一篇）、『ビブリオグラフィ・ドゥシェンヌ』誌（一篇）。【コラム】の訳者解題等については重複する部分が多々あるが、初出の形のままほぼ留めることにした。

本書は、欧米の学界・言論界を中心に、熱病のごとき騒乱を引き起こした一つの「事件」を中心的に取り扱うものである。したがって、『盲目と洞察――現代批評の修辞学における試論』（一九七一・

一九八三年)、『読むことのアレゴリー――ルソー、ニーチェ、リルケ、プルーストにおける比喩的言語』(一九七九年)等、ポール・ド・マンの主要著作については、ほとんど触れていない。それについては拙著『ポール・ド・マン――言語の不可能性、倫理の可能性』(岩波書店、二〇一二年)等を参照していただきたい。

「ポール・ド・マン事件」という大騒動は、何事もなかったかのように人々の記憶から消え去ろうとしている。だが、この事件にも正の遺産がないわけではない。例えば、この騒動を通して見えてくるのは、現在、人文科学系の学問(とりわけ、文学)が直面している危機の姿である。言語・テクストの精緻な「読み」、差異や多様性への意識は、グローバリゼーションという画一化・効率化の波に押され、現在、加速度的に抑圧され続けている。ド・マンという文学理論家が生涯を賭して取り組んだものが、不効率なもの、無駄なものとして、何の思索もなく片づけられようとしているのだ。「読むこと」の不在。現代社会は今、この前代未聞の状況に向かって歩を進めようとしている。ド・マンへの反発には、異質なものへの嫌悪感・敵対感が凝集されている。これもまた、この大騒動を読み解く上で無視できない要素と言えよう。

「ド・マン事件」は一見終結したかに見える。だが、それは今なお続いている。良質な「読み」、異質なものへの眼差しを守り抜こうとしたポール・ド・マンの「戦い」(「戦争」)は、おそらく永遠に終わることはないだろう。本書が、そうしたド・マンの姿を提示することに少しでも成功しているなら、それに勝る喜びはない。

第一章　「卑俗な」という危うげな一語に託して
――ポール・ド・マンの選択

はじめに

言動や出来事として一旦歴史のなかに刻み込まれてしまったものは何らかの影を引きずり続け、その影はおそらく永久に消え去ることはないであろう。二〇世紀の歴史のなかでもとりわけ暗い影を落とす出来事があるとすれば、その一つは言うまでもなく、一九三九年に勃発した第二次世界大戦と、この戦争がもたらした惨憺たる悲劇であるに違いない。そして、この大戦期に生きた人たち（とりわけ知識人たち）の言動については今もなおその正否や責任性が厳しく問われようとしている。より具体的に述べるなら、おびただしい数のユダヤ人を闇に葬ったとされるナチス・ドイツに対し、知識人たちが当時いかなる態度を持したかということが問題とされ続けているのだ。この点、ドイツのノーベル賞作家ギュンター・グラスが発表した自伝『玉葱の皮を剝きながら』をめぐる騒動（二〇〇六年八月）はまだ記憶に新しいところであろう。新聞報道によるなら、グラスは自伝のなかで「一九四四年に一七歳でナチス親衛隊に入隊していた(1)」と告白し、国内外から痛烈な批判を浴びたのである。積極的な政治発言で知られ、ナチス・ドイツの過去に対しても真摯に向き合うことを主唱してきた作家だけに、人々の落胆は大きいと言わねばなるまい。

火付け役を演じたのはチリ生まれの若き学者ではあったが、ドイツでは過去にも同じような出来事があった。一九八七年に『ハイデガーとナチズム』を発表したヴィクトル・ファリアスは、ハイデガーの政治的過去を入念に調査し、この偉大な哲学者が一九三三年から四五年にかけてナチスの活動に積極的に加担していたことを暴き出したのである。[2] ハイデガーの場合、その親ナチ的な挙動はよりあからさまであり、釈明の余地なきものであった。マーク・リラの指摘によるなら、ハイデガーはフッサールなどユダヤ人同僚たちのすべてと絶縁し、総長の職に就いたフライブルク大学では「ハイル・ヒトラー!」という敬礼で講義を締めくくり、背広の下襟に長い間ナチスのバッジをつけ続けたのである。[3]

そして、舞台はアメリカ。奇しくも「ハイデガー事件」が世を賑わしたのと同じ一九八七年、ベルギーの有力新聞に四六年前に掲載された一篇の目立たぬ記事が世界の論壇を二分するような大スキャンダルを惹き起こしたのである。記事を書いたのは、一九一九年ベルギーのアントワープに生まれ、後にアメリカで「ディコンストラクション(脱構築)」と称される批評実践の中心的人物となったポール・ド・マン。問題とされたのは、彼が一九四一年三月四日、『ル・ソワール(*Le Soir*)』紙のために執筆した「現代文学におけるユダヤ人」という記事である。[4] この記事をめぐっては、「ハイデガー事件」を凌ぐような緊迫した事態が出来し、錚々たる論客たちが激烈な論戦を展開する結果となった。[5]

しかし、ド・マンを擁護した人たちの多くが指摘するように、この論争に加わった学者・ジャーナリストたちの思惑は、ド・マンの過去を暴露することに留まらず、この文学理論家が後年アメリカにおいて実践した「ディコンストラクション批評」そのものをナチ的・ファシズム的として断罪することにあったのだ[6]。したがって、彼らにとってはド・マンがベルギー時代に書いた記事に隈なく目を通し、とりわけ問題とされる記事――「現代文学におけるユダヤ人」――を精読・吟味することなど、ある意味ではどうでもよかったという節がある[7]。彼らの狙いは、突然降って湧いたような敵方の醜聞を利用しながら、アメリカの批評界に決定的な影響を与え保守的な批評陣営の威光を曇らせてしまった「ディコンストラクション批評」に死の宣告を突きつけることにあったのだ。

では、「現代文学におけるユダヤ人」とは実際にはどのような内容の記事であったのか。そして、それが執筆された時の状況はいかなるものであったのか。具体的な内容に立ち入る前に、先ずはこの記事が掲載された『ル・ソワール』紙の第一〇面に目を転じてみることにしよう。

一 「ユダヤ人とわれわれ」――「現代文学におけるユダヤ人」を取り巻く三篇の記事

ド・マンの記事「現代文学におけるユダヤ人」は、一九四一年三月四日に『ル・ソワール』紙が組んだ文化コラム欄の一隅を飾るものとして掲載された。いわば、複数の執筆者が特定のテーマについて文章を寄せ合うという特集コラムの筆陣に加わったわけである。執筆者はド・マンを含めて四名、特集タイトルは「ユダヤ人とわれわれ(LES JUIFS ET NOUS)」と銘打たれていた。先にも述べたように、ド・マンの過去を断罪しようとする論客たちは、彼が複数の新聞に寄稿した記事を精読するという手続きを経ないままに、この問題を取り上げてきた。したがって、論戦に加わった当時の彼らが、同じ新聞に掲載されたド・マン以外の者が書いた記事にまで目を通した可能性はまずないであろう。しかし、ド・マンが当時置かれていた状況を公平に判断するためには、ド・マンの記事とともに同じコラム欄に掲載された三篇の記事の存在や内容を考慮することが是非とも必要とされるに違いない。それらの記事とド・マンの記事を相互に読み比べることで、ナチス占領下の新聞が余儀なくされた言論統制の姿が垣間見えてくると同時に、ド・マンの置かれた苦境が明らかにされると思われるからである。

特集コラムの冒頭には大文字のゴシック体による「ユダヤ人とわれわれ」という総タイトルが躍り、その下に四篇の記事が掲載されている。写真や絵画などが賑やかに添えられた他の三篇の記事とは対照的に、ド・マンの記事は特に目を引くものではない。それは最も目立たない最下段の右側にあたかも余計な付録のような形で並べ置かれているのである(紙面は本書の口絵を参照)。この変哲のなさは彼の担当したテーマが「文学」だったせいであろうか。あるいは、そこには他の三篇の記事との隔絶を示す暗黙の符丁のようなものが読み取れるのであろうか。この反ユダヤ特集が企画され、それに一役買わなければならなかったとき、ド・マンはいかなる選択を強いられ、いかに対処したのであろうか。こうした問題への手掛かりを探る準備として、先ずはド・マンの記事を取り巻く三篇の記事を概観してみることにしよう。

レオン・ヴァン・ユッフェルの記事

総タイトルの下に位置するレオン・ヴァン・ユッフェル(Léon Van Huffel)の記事は「ユダヤ主義の二つの顔(Les deux faces du judaïsme)」と題されている。そしてこの特集を仕切るいわば顔役的な位置にある彼の文章には、言うまでもなく、最初から最後までユダヤ民族に対する執拗な非難と攻撃が塗り込められている。「われわれの反ユダヤ主義にそなわる本質的な要素を強調しておくことは、われわれにとって有効なことと思われる」。冒頭付近にあるこうした言い回しは、コラム総題によって明示される架橋不可能な対立性、すなわち「ユダヤ人」と「われわれ」との間に存在するとされる決定的な異質性を強調しようとしている。だが、いったいこの「われわれ」とは誰のことなのか。それは、"les Goys"、つまりユダヤ教徒からみた異教徒たち、とりわけキリスト教徒たちのことなのだ。ヴァン・ユッフェルの議論によるなら、ユダヤ人たちは独自で閉鎖的な「共同体」を形成し、他の国民や民族(「われわれ」)と決して交わろうとはしない。先ずは、こうした点がユダヤ主義の一つ目の顔として暴き出され非難されるわけだが、ここで留意すべきなのは、ユダヤ人たちのそうした傾向が狭隘で排他的な「人種(差別)主義(racisme)」として名指されていることである。敵方の立場を規定する用語が自陣の立場を規定する用語と重複し、やがては互いに区別がつかないものになってしまうということはとりわけ珍しい現象ではないが、この「人種(差別)主義」という言葉が後にナチス・ドイツの代名詞のように使用される運命にあることは改めて指摘するまでもないだろう。「われわれの反ユダヤ主義は人種(差別)的な(racial)次元に関わるものである」というヴァン・ユッフェルの一見明瞭とも思われる主張は、ユダヤ人たちが人種(差別)的であるという見解を提示すると同時に、実は自分たちもまた人種（差別）的な立場に依拠しているという意味を内包しているのだ。それは気分の昂じた挙げ句にヴァン・ユッフェルの口から漏れる次のような言葉に明白に表れている。「概して、ユダヤ人たちはわれわれの血筋や精神性と根本的に対立する、完全に異質な本性を有するものと思われる。〔…〕われわれは断固として彼らとの混血を禁じ、思想、文学、諸芸術といった分野における彼らの有害な影響から精神的に脱する構えである」。

このような主張は自らの偏狭さを棚上げにしたまま、相手方にあるとされる同種の欠点のみをやり込めるという身勝手さに依拠している。「順応する（s'adapter）」ことを善とみなす発想が間違いであるとは言えないが、そこにはユダヤ人と「われわれ」双方が互いに「順応し合う」という条件が伴わなければならない。ユダヤ人のみに順応的態度を要求し、自分たちには異質な彼らと交流する意志などないというのでは、ユダヤ人たちはダブル・バインド状況に立ち至るしかないであろう。「ユダヤ主義は根本的に同化することができない。したがって、われわれはそれをわれわれの内から締め出す以外に手はないのだ」と語る一方で、ユダヤ人たちの同化・順応を求めるという出方は、立ち入りを拒む高い壁を築いておきながら、どうぞお入りくださいと誘っているようなものだからだ。このような考えは自分たちの思うように同化・吸収できない異質な「他者たち」を締め出す典型的な身振りであり、この時代の反ユダヤ主義に見られる一貫した特徴であると言えるだろう。

ところで、ヴァン・ユッフェルの考えるユダヤ人のもう一つの顔とは何であろうか。それは一言で言うならユダヤ民族の「国際主義（internationalisme）」である。ユダヤ人を排他的、閉鎖的と決めつけた直後にこうした言葉を持ち出すのはいかにも唐突で、その矛盾は明らかである。ちなみに、ヴァン・ユッフェルは「国際主義」なるものの類義語としてフリーメーソン、自由資本主義、マルクス主義、社会主義などを挙げ、それらを真の国際主義とされる「拡張されたナショナリズム」、すなわち「イデオロギー的帝国主義」と対置させている。奇妙な取り合わせという他ないが、彼の信奉するものがあくまでも親ナチ的な反ユダヤ主義である以上、ドイツの「イデオロギー的帝国主義」に反するものはすべてがユダヤ的として断罪されねばならないことになる。つまり、ユダヤ民族は結束することも交流することも許されないというわけだ。真に排他的、閉鎖的なのはいったいどちらの論理なのであろうか。答えを待つまでもあるまい。ヴァン・ユッフェルの議論は拭いようのない自らの矛盾を強引に糊塗しようとすることで、ユダヤ人たちを身動きの取れないアポリア状態に追いやっているのである。

ジョルジュ・マルリエの記事

美術界の動向に対して反ユダヤ的な発言を展開しているのが先鋒ヴァン・ユッフェルに続くジョルジュ・マルリエ(Georges Marlier)の記事「ユダヤ的絵画とその影響(La peinture juive et ses répercussions)」である。マルリエは先ずロジェ・ブリエルなる人物が一九三三年に出版した書物の一節——「厳密に言うなら、現代芸術にユダヤ(人)の絵画は存在しない」——を引いた上で、およそ一九一二年から三二年の時期にかけては常に、世界のどこかしら(とりわけパリ)に「ユダヤ化された絵画」の存在があったと主張している。「ユダヤ化された絵画」とは数々のユダヤ人商会や富裕なユダヤ人たちが介在した国際的な絵画販売ネットワークのようなものを指しており、マルリエによるなら、こうしたユダヤ人たちの活動組織こそが当時の健全な芸術界に深刻かつ有害な影響を及ぼした元凶だったというのである。具体的に述べるなら、この時期フランスに出現した前衛的な芸術運動、なかでも「キュビスム」、「黒人芸術」、「シュルレアリスム絵画」などの創意を促し、絵画史の自然な流れを断ち切ってしまったものはそうしたユダヤ人たちの暗躍に他ならないということである。

マルリエの議論はヴァン・ユッフェルの場合よりもさらに明確な二項対立図式に裏打ちされている。それは「われわれ」＝「自然（naturel）」／「ユダヤ人」＝「異質・不自然（étranger）」という目も当てられないほど単純で稚拙なものである。マルリエの偏見たっぷりな言い分に従うなら、「それら〔様々な前衛芸術〕に、やがては完全この上ない無秩序（anarchie）に立ち至るような、極めて転覆的で破壊的な性質を付与してしまったのは、まさにユダヤ人たちなのである」ということになるだろう。マルリエがここで力説することを良心的に解釈するなら、ユダヤ人たちは破壊的な精神を鎮め、「構築的精神」に同調してほしいということなのであろうが、こうした要求は決して双方の歩み寄りを望むものではない。ここに登場するのはまたしてもあのクリシェのごとく使用される「順応する（s'adapter）」という動詞であり、そこには「われわれ」から「ユダヤ人」に向けられた一方的な厳命――「順応せよ！」――が拒絶不可能なものとして託されているのである。

ところで、この論者が好んで用いる言葉に「生（vie）」、「生の称揚（approbation de la vie）」、あるいは「活力（vitalité）」という表現があるが、彼の主張を鵜呑みにするなら、ユダヤ人たちはこの「生」なるものを否定しているということになる（「彼ら〔ユダヤ人たち〕の絵画は生の否定そのものと成り果ててしまったのだ」）。何故なら、ユダヤ人たちは「人間の形を分解し、それを滑稽な操り人形、あるいはおぞましい虫けらの水準にまで貶めてしまった」からというわけである。ピカソの怪物めいた「女性性（féminités）」、スーティンの腐敗した人物画および静物画、パスキンの不気味なまでにエロティックなデッサンなどは、マルリエにとってはすべて「生」の破壊であり、自然という現実に対する「暴力」に他ならないのだ。しかし、この後「ホロコースト」という史上稀にみる血みどろの「暴力」を現出させたのはいったい誰であったのか。人間の形を暴力的に分解するどころか、その精神までもずたずたに切り裂いてしまったのはいったい誰だったのか。数限りないユダヤ人たちに「生」の否定を強いたのはいったい誰だったのだろうか。人々はほどなく悲痛な面持ちでその答えを手にすることになるだろう。

マルリエの記事にはヨーロッパ絵画に波及した歴史的な変革を暴力的で破壊的なユダヤ趣味として難ずるという狙いがあったが、こうした価値評価には当時のヨーロッパ列強の対立関係が鮮明に映し出されている。それはファシズム国家イタリア対フランス、占領下のベルギー（もしくはフランドル）対フランスという二重の対立図式である。つまり、ナチス・ドイツに対するスタンスの違いにより、破壊的あるいは暴力的であることの価値はいとも簡単に逆転してしまうのだ。論者の声に耳を傾けてみよう。「二〇世紀のイタリア芸術はほとんど完全にユダヤ的なニヒリズムの影響から逃れている。〈エコール・ド・パリ〉という大グループのなかに表出した病的な兆候を［イタリア］未来派のうちに見つけ出そうとしても無駄であろう。純粋に形式的な点について言うなら、キュビスムと幾つかの類似性はあるものの、イタリア未来派は強烈な活力に突き動かされていたのである」。そしてこのすぐ後には次のような注目すべき発言が続いている。「［…］新生イタリアの創造者たちがあたかもファシズムを予告する動きに対するかのように、未来派の活動に賛美を表明したとしても少しも驚く必要はないだろう」。

したがって、敢えて言うなら、マルリエにとって、ユダヤ民族の頽廃性とかフランス前衛芸術の破壊性・暴力性といった議論はそれほど意味のあるものではなかったと考えるべきであろう。(8) こうした議論は当時のベルギーが置かれていた危うい立場、すなわち、ドイツとフランスの間で引き裂かれ懊悩する国家の状況を正当化するための、いわば「出し」として利用されたのだ。ナチス・ドイツの厳しい統制を受けた『ル・ソワール』紙がドイツやイタリアの芸術を差し置いて、フランスの芸術を持ち上げることはほとんど不可能だったであろう。それはフランス画壇を悪者に仕立て、ベルギー現代芸術あるいはフランドル絵画を有害なパリの空気やユダヤ精神から防御しようと訴えるマルリエの言葉に鮮明に表れている(「われわれの国では、ユダヤ精神はまだそれほどのさばりを示してはいない。〔…〕おそらく活動のある時期に、彼ら〔フラマン人の画家たち〕がパリの空気に感染したということもありえたであろう。だが、それは束の間の過ちに過ぎず〔…〕」)。ナチス・ドイツに掌握されたベルギー言論界は、その絶対的な支配者たちの顔色を窺うために、ドイツ・イタリア対フランスという二項対立図式を仮構し、前者の側にベルギー(あるいはフランドル)、そして後者の側にユダヤ人を組み入れるという決断を余儀なくされたのである。それはナチス・ドイツの占領下に生き、ファシズムの動向に追従することを選んだ人たちが取りえたおそらく唯一の方法だったのかもしれない。しかし、だからといって、こうした選択は無条件に許されてよい性質のものではない。たとえ間接的であったにせよ、こうした言論がやがて多くの尊い人命を奪うことになるナチス・ドイツのファシズム体制に加担したことは紛れもない事実だからである。

V・d・Aと署名された記事

ド・マンの文章の左側に組まれた記事には「一つのユダヤ的学説――フロイト主義(Une doctrine juive: Le Freudisme)」というタイトルが付されている。執筆者の名前は明記されていないが、記事の最後には本人のイニシャルとおぼしき、「V・d・A」の文字が添えられている。ジグムント・フロイト(一八五六―一九三九年)といえば、もはや説明するまでもなく、当事のヨーロッパ思想界に最も強大なインパクトを及ぼしていたユダヤ系の思想家(精神分析学者)である。フロイトはこの記事が執筆された一年半ほど前、既に他界していたが、その影響力は益々増大するばかりであった。だが、運命の悪戯と言うべきか、フロイトの晩年とナチスの台頭期が重なったことが、この稀代の思想家の人生に予想外の災いをもたらすこととなった。一九三三年、政権を掌握したヒトラーは、一九三六年には国際精神分析出版所の全財産を押収、そして一九三八年には同出版所を没収する。こうして、フロイトは死の一年前にロンドンへの亡命を余儀なくされ、祖国オーストリアでの研究生活を断念することになるのだ。つまり、反ユダヤ主義を信奉するナチス・ドイツにとって、「精神分析学」は不道徳な学説以外の何ものでもなく、その始祖たるユダヤ人フロイトは、まさに世の平安を壊乱する悪の権化とみなされたのである。

したがって、V・d・Aなる人物がユダヤ批判の格好のターゲットとして精神分析に目をつけたのはほとんど必然の成り行きであったと言えるだろう。ユダヤ人フロイトが人々に与えた驚異や衝撃は見過ごしにできないほど大きなものとなりつつあったのだ。フロイトの諸理論が批判者たちも含め、当時の知識人たちの間に深く浸透していたことは、V・d・A自身によるフロイト理論の要約を見れば明らかであろう。この論者は記事のほぼ二分の一をフロイト理論の説明に当てているが、そこでは「抑圧」、「意識」、「前意識」、「無意識」、「欲動」、「検閲」、「リビドー」、「エディプス・コンプレックス」、「昇華」、「ナルシシズム」といったフロイトの基本概念が取り上げられ、精神分析の簡潔明快な解説が提示されているのである。新聞の小さなコラム記事という事情もあり、委細を尽くした議論がなされているとは言い難いが、それでもなお、一般の読者たちにフロイト理論のエッセンスやキー概念を伝えることには十分成功していると思われる。

しかし、精神分析に対する説明がいくら偏向の少ない優れた内容のものであったとしても、そのことによってこの学問に向けられる批判の手が緩められたわけではない。事実はまったく逆である。反ユダヤ主義という明確な視点から執筆された記事である以上、それは精神分析を徹底的に批判するものでなければならないのだ。この記事のそうした性格は冒頭の辛辣極まりない主張のなかに明確に表現されている。「フロイト主義は〝ポルノグラフィーのスコラ哲学〟と称された。もしそれだけのものであったなら、害悪はそれほど大きくはなかったであろう。しかし、事情はまったく別であった。つまり、フロイト主義は効き目の速い毒薬であり、全モラルの破壊者、そしてデカダンスの温床だったのだ。フロイトの学説はユダヤ人の生み出したものであり、西洋的な精神性とは相容れない存在だったのである」。V・d・Aの見解によるなら、フロイト主義の最大の難点は、「無意識」の存在を強調することで、「リビドー」の放縦な働きを手放しに称揚してしまったことにある。つまり、フロイト主義はモラルに対する価値観を変質させ、人々の堕落的、頽廃的な傾向を助長してしまったという言い分である(「フロイト主義者たちは、彼らによって反自然的かつ偽善的と判断されたモラルを有害なものと決めつけ、人類の幸福という美名のもとに、それを排除することを要求したのである」)。先に言及したマルリエの主張とも共通するが、こうした議論は当時の前衛的な諸芸術をフロイト主義と短絡的に結びつけ、両者の罪悪性を強調するものとなっている。つまり、V・d・A自身の言い方を借りるなら、人類にとって「精神分析以上に危険な武器はない」のであって、あらゆる芸術分野にはびこる「フロイト主義は、最も必要とされる諸規律をずたずたにしてしまった」というわけである。こうした評価は明らかに歪んだものであり、ナチス占領下における反ユダヤ的な喧伝に全面的に同調するものとなっている。最も危険なのは精神分析やフロイト主義ではなく、実は反ユダヤ的な思潮であり、それが間もなく「ホロコースト」という前代未聞の惨事を惹き起こすことになろうとは、おそらくこのジャーナリストには予想もつかなかったであろう。

だが、この人物の名誉のために一言付言しておくなら、彼が批判対象としたのはフロイトの諸理論を過剰解釈し、その真意を歪めてしまった弟子たちであり、決してフロイト本人ではなかったということである(「フロイトは疑いなく現代心理学に対して新たな地平を切り開いた。彼はあらゆる人間の心に眠っている無意識や欲動の領域に注意を向けさせたのだ。だが、不幸なことに、弟子たちが師の教えを歪曲してしまったのである」)。ジャック・ラカンらの登場を待たずして、フロイトと亜流フロイト派と称される弟子たちとの違いを見抜き、後者の逸脱的な誤謬を指摘していたという意味では注目に値する事実と言えるかもしれない。しかしながら、たとえ慧眼溢れるフロイト評価を提示しえた部分があったとしても、彼の書いたこの記事がいわれなき反ユダヤ主義の先棒を担ぐものであったことだけは否定できないであろう。その点では、先の二人の論者たちと何ら変わるところがないのである。

二　ポール・ド・マン騒動の深淵へ
——「現代文学におけるユダヤ人」

ド・マンの記事が『ル・ソワール』紙に発表された一九四一年三月当時のベルギー社会および言論界の情勢を確認するために、問題の記事と同時に掲載された他の三人のジャーナリストたちの文章について、その内容および論調を概観してきた。ユダヤ問題を特集コラムのテーマに据え、反ユダヤ主義を真正面から喧伝するという『ル・ソワール』紙の主導方針を見れば、この特集の企画に加わった者たちが、意図的であるか否かに関係なく、親ナチ的なイデオロギーに深く加担していたことは紛れもない事実であることが確認されるであろう。したがって、いかなる理由があろうとも、この特集コラムに関わってしまったことの道義的責任を免れることは不可能である。無論、ポール・ド・マンとて例外ではあるまい。

では、執筆から四六年も経過した後、批判者たちから罵詈雑言の数々を浴びせかけられることになった「現代文学におけるユダヤ人」とはいったいいかなる内容の記事だったのであろうか。その記事のどこに問題があったというのだろうか。「ド・マン事件」に関しておそらく最も精緻で公正な分析を施しているると思われるジャック・デリダは、論考「貝殻の奥に潜む潮騒のように——ポール・ド・

マンの戦争」のなかで、ド・マンのこの文章について触れ、「他の非常に多くの人たちにとってと同様、私にとっても最も耐え難いものと思われた記事である」[9]と述べている。しかし、「ド・マン事件」が論壇の注目を集めたとき、この記事を精査し、どの点が「耐え難い」ものだったのかという議論を真摯に展開しようとした人たちはデリダも含めてほんの僅かにすぎなかった。多くの人たちが「耐え難く」感じたのはこの記事の内容というよりも、むしろ若き日のド・マンが反ユダヤ主義を喧伝する新聞コラムに寄稿し、その事実を後々まで隠蔽していたという風聞だったのである。ド・マン騒動が持ち上がった際、問題の記事にきちんと目を通していない人たちまでが一斉にこの文学理論家の攻撃に立ち上がったのはおそらくそのためである[10]。しかしながら、そうした人たちの言い分がまったく理不尽かというと、実はそうではない。一九四一年三月四日、ド・マンが親ナチ的な新聞に一篇の記事を書き、その記事の存在を長らく隠蔽しようとしたことはやはり否定できない事実だからである。

では、何故ド・マンはそうした記事を書かねばならなかったのであろうか。本人が既にこの世にいない今となっては、その理由は勝手に推し量るしかないわけだが、デリダも認めるように[11]、当時一流の新聞であった『ル・ソワール』紙のコラムを任されるという名誉ある立場が、弱冠二一歳の野心的な青年にとってどれほど魅力的であったかは想像に難くないであろう。だが、おそらくそれ以上に決定的なのは当時のド・マンが置かれていた経済的な状況ではなかったかと思われる。一九四〇年のクリスマス・イヴにド・マンの記事が初めて『ル・ソワール』紙に掲載されたとき、彼はまだブリュッセル自由大学の学生であり、妊娠中のパートナー、アナイド・バラジアンと同棲生活をしていた

（一九四四年に挙式）。そしてその後間もなく長男ヘンドリックが生まれる。家庭の長となったことで家族を養わなければならない身となった彼は、学業を断念し、ジャーナリストとしての仕事に専念することを余儀なくされたわけである。その当時の彼の心境を反映していると思われる資料としては、「現代文学におけるユダヤ人」執筆から二ヵ月ほどのち（一九四一年五月六日）に同じ『ル・ソワール』紙に掲載された「シャルル・ペギー」と題された記事を挙げることができるかもしれない[12]。親ナチ的と手厳しく批判されたド・マンが、ユダヤ人ドレフュス大尉の熱烈な擁護者であり、根っからの社会主義者を自任するペギーに対し熱狂的とも言える賛辞を表明したという事実は、ド・マンの評価を左右する決定的な要素となるに違いないが、当時のド・マンはそんなペギーに自らの生き様を重ね見ていた節がある（「職を得るために学業を断念した上に、既婚者であり、一人の子供の父親でもあった者にとって、職を手放すことは危険な行為であった」[13]）。ペギーは結局、出版人としての地位を一時手放すことになったわけだが、ド・マンにとってもまた失職は死活問題であり、何としても回避したい事態であったに違いない。たとえ親ナチ的な論陣を張る新聞と承知してはいても、職を確保し、家族の生活を護るためには、目の前に差し出された仕事を棒に振ることはできなかったであろう。もしド・マンの誠実さが本物であったなら、『ル・ソワール』紙のスタッフたちと決裂するという選択もありえたかもしれない、という考え方も確かにありうる。だが、それはあまりに素朴で酷な要求と言うべきだろう。家族を抱え、占領下の国で生き永らえなければならなかった若者にとって、『ル・ソワール』紙のコラムを担当し続けることは生きるために選びうる唯一の途だったのである。

ヨーロッパ文学の伝統とユダヤ精神の位置づけ

「現代文学におけるユダヤ人」においてド・マンが展開しているのは本質的に文学論であって、込み入った政治論や社会論ではない。また、彼の論点を見誤ることのない読者であるならば、そうした彼の文学談義が決してユダヤ人作家たちの非難や排除を訴えかける体のものではないことに気づかされるであろう。特集コラムの総タイトル「ユダヤ人とわれわれ」という二項対立的な図式に歩調を合わせるかのように、ド・マンの議論もまたヨーロッパ的伝統対ユダヤ主義といういささか安易な枠組みに従ってはいる。それは否定できない事実である。しかし、そのこと自体にさしたる問題があるわけではない。彼の仮構するヨーロッパ対ユダヤという二項図式は両者の間の「優劣」を問題にするものではなく、あくまでも双方の「差異(性)」を強調するものでしかないからである。これはド・マンが他の場面においてもたびたび採用する視点であり、ユダヤという特定の問題に限ったことではないのだ。例えば、一九四二年三月二日に『ル・ソワール』紙に掲載された「ドイツ現代文学への手引き」[14]という記事のなかでド・マンはドイツ文学の現況を説明するためにドイツ対フランスという二項図式を持ち出すが、それはドイツ文学がフランス文学に勝っていることを示すためではない。内容はむしろその逆なのである。ドイツ現代文学の紹介が、フランス文学の重要性を強調する結果になっているのだ。ド・マンの言い分に耳を傾けてみよう。「実際、現今の――少なくともここ数年までの――文学的創造の重心を位置づけようとするなら、フランスをトップ・リーダーとして名指す他ないであろう。〔…〕この場では〔…〕フランス文学の明白かつ傑出した所産が両大戦間の作家たちの模範やモデルとして役立ったことを強調しておけばとりあえず十分であろう[15]」。したがって、若き日のド・マンについて、ドイツ文学への嗜好とフランス文学への嫌悪が指摘されることもあるが[16]、それは明らかに正確さを欠いている[17]。彼の二項図式は一方の他方に対する絶対的な優位性を論じるためのものではなかったのである。双方のかけがえのない差異(性)や伝統を維持しながらも、時と場合に応じては互いの長所を認めそれを吸収する。それが彼の言う「真の名に値する芸術的ナショナリズム[18]」の姿なのである。

「現代文学におけるユダヤ人」において、ド・マンが高く評価する作家たちにはドイツ人は一人も含まれていない。彼がヨーロッパ文学の写実的な伝統の継承者として挙げるのは当時のドイツと対峙していた国々の作家たち――スタンダール、ジッド、ヘミングウェイ、D・H・ロレンス――ばかりなのだ。だが、とりわけ見逃してはならないのは、こうした作家たちのリストにカフカの名が連ねれている点である。言うまでもなくカフカはユダヤ人であり、ド・マンがそのことを知らなかったはずはない。つまり、ここにさりげなく記されたカフカの名は、「ユダヤ人」対「われわれ」という二項対立図式にひび割れを生じさせ、この特集コラムが意図した目論見を瓦解させる要素となっているのだ。カフカを別にすれば、ド・マンの下したユダヤ人作家たちに対する評価が低いのは確かである。だが、彼の挙げるユダヤ人作家たち――アンドレ・モーロワ、フランシス・ド・クロワッセ、アンリ・デュヴェルノワ、アンリ・ベルンステン、トリスタン・ベルナール、ジュリアン・バンダ――が当時の文壇において格別な存在でなかったというのは紛れもない事実であり、いささかもド・マンの偏見や妄想によるものではないのだ。彼はユダヤ人に才能がないと主張しているのではない。ただ、一九二〇年代の状況に限って見るなら、ユダヤ人作家たちの影響は極めて小さなものにすぎなかったと言っているだけなのである。「というのも、もしもユダヤ的精神の特異な性格を考慮するなら、ユダヤ的精神はこうした芸術製作においてよりいっそう華々しい役割を演じたであろうと期待されるからである。彼らの主知主義および諸理論を吸収しつつもそれらに対してある種の冷静さを維持する能力は、小説が要求する明晰な分析作業にとっては非常に貴重な資質であるように思われた。だが、それにもかかわらず、ユダヤ人作家たちは常に副次的な位置に甘んじてきた[19]」。

しかし、ド・マンの提示した二項図式にもまったく誤解の危険性がないわけではない。「われわれの文明」と「外部の力」――すなわち、「ユダヤ的な干渉」――との対立を語るとき、彼はヨーロッパ文明の根本性質を「健全な(saine)」ものと規定するが、それが暗黙的に、ユダヤ文明を「不健全な」ものとみなしているかのような印象を与えてしまうからである。だが、ド・マンの言おうとしているのは、どちらがより健全か、あるいはより不健全かといった類のことではない。彼の趣旨は、すべての文化・文明はそれぞれ固有の「完全な独自性と特質」を有しており、そうした独自性・特質を維持することで各々の「健全さ」は守られる、という点にあるのだ。ド・マンは確かに、「ユダヤ人たちが一九二〇年以降のヨーロッパにおける不自然で錯乱した(factice et désordonnée)生活に重要な役割を演じた[20]」という微妙な言い方もしている。しかし、それはユダヤ文化を不当に貶めることを意図した発言ではない。「不自然で錯乱した」という表現はあくまでもユダヤ文化の「異質性」を強調するものであって、決してその「不健全さ」を云々するものではないのである。ヨーロッパ精神との絶対的な隔たりを主張しながらも、「ユダヤ的精神の特異な性格[21]」を尊重しようとする彼の一貫した姿勢を見れば、彼の仮構するヨーロッパ対ユダヤという二項図式が絶対的なヒエラルキー関係に支えられたものでないことは明白と言わざるをえないだろう。

マダガスカル島移民計画への言及

「現代文学におけるユダヤ人」のなかで最も問題とされた一節に注目してみることにしよう。それはこの記事の最後におまけのように付け加えられた以下のような件である。「付言するなら、ヨーロッパから隔離された地にユダヤ人居留地を設営するというユダヤ人問題への解決策は、西洋の文学生活には少しも嘆かわしい結果をもたらさないことがわかるだろう。西洋の文学生活は結局、つまらない価値しかもたないいくつかの平凡な個性を失うだけで、これまで同様、自らの偉大な進化的法則に従って発展しつづけていくことであろう[22]」。ジャック・デリダも同様の指摘をしているが[23]、これは一九三八年の国際会議で発案された、通称「マダガスカル解決策（Madagascar solution）」を暗示しているものであり、ド・マンの独りよがりな妄想から生み出されたものではない。マーティン・マックイランの付した脚註によるなら、「マダガスカル解決策」とはアメリカ大統領ルーズヴェルトの主導のもと、ナチス・ドイツから追い払われたユダヤ人たちをマダガスカル島へ移民させるという亡命者救済策であった。こうした計画はその後もヒトラーとローマ教皇ピウス一二世との間で論じられ、さらにフランス政府やイギリス政府においても話題となった[24]。したがって、このド・マンの一節――とりわけ「解決策」という表現――から後に待ち受ける「最終解決策（final solution）」、すなわち「ホロコースト」を連想するのは明らかに短絡的と言わざるをえない。「ド・マン事件」の際、反ド・マン陣営に与した人たちは、この件を決定的な証拠として捉え、若き日のド・マンをナチの御用ジャーナリストとして断罪したわけであるが、それは当時の史実を完全に無視した言いがかりでしかなかったからである。「マダガスカル解決策」とは一九三八年以降、国際舞台で幾度となく話題にされたことがらであり、何よりも先ず、ユダヤ人たちの身の安全と人権を確保するための救済措置として思念されたものだったのだ。

この記事本来の趣旨に合わせるかのように、ド・マンの文章は文学への言及によって締め括られている。そしてそこにもまた、誤解を招きかねない微妙な表現が躍っている。文中にある「つまらない価値しかもたないいくつもの平凡な個性」とはいったい誰のことなのであろうか。ド・マンのこの記事を親ナチ的、反ユダヤ的と決めてかかる人たちにとっては、曖昧な点は何一つ存在しない。つまり、それがユダヤ人作家たち以外のものを意味する可能性はまったくないのである。しかし、この表現の指し示すものがユダヤ人作家でしかありえないと断ずる根拠はいったいどこにあるのだろうか。ド・マンの主張はヨーロッパ精神とユダヤ精神は根本的に異質なものであり、それぞれ独自の価値を有するというものであった。それは、ヨーロッパ文学がユダヤ精神の影響の有無にかかわらず、健全な発展を続けていけるということを意味している。つまり、ユダヤ精神の影響がなくなることで大打撃を受けるような作家がもしもいるとしたなら、それこそがまさしく「つまらない価値しかもたないいくつかの平凡な個性」ということになるであろう。したがって、その場合、この皮肉に満ちた表現の指し示すものはユダヤ人作家たちではなく、むしろ才能のないヨーロッパ人作家たちの方だということになる。つまり、この表現は作家全般に関わる「一般的な定式化(general formulation)」[25]であって、ユダヤ人だけを特定的に名指す性格のものではないのである。

卑俗な反ユダヤ主義とは何か

『盲目と洞察――現代批評のレトリックに関する試論』(一九七一年)、『読むことのアレゴリー――ルソー、ニーチェ、リルケ、プルーストにおける比喩的言語』(一九七九年)、そして『美学イデオロギー』(一九九六年)など、ド・マン後期の著作を特徴づける独特な晦渋さを知る者にとって、この若書きの文章は驚くほど読み易いものと思われるかもしれない。しかし、先にも確認したように、この記事の文面は一筋縄ではいかない様々な両義性や不連続性に満ちている。はたして、ド・マンはこの特集コラムの計画についていかなる立場を取ろうとしていたのであろうか。デリダの卓抜な言い回しを借りるなら、それは「非協調的な密輸業者(nonconformist smuggler)の役割を演じること[26]」であったに違いない。つまり、『ル・ソワール』紙の目論見に寄り添うような素振りを見せながらも、密かに非同調的な態度を表明すること。それこそが、この未来の文学理論家が選択しえた唯一の姿勢ではなかっただろうか。

そうしたド・マンの綱渡り的な姿勢が最も色濃く現われているのは、この記事の第一パラグラフであり、そのことがこのパラグラフの明快で一義的な解釈の可能性を宙吊りにしている。読む者の画一的な解釈に抵抗するのは何よりも先ず冒頭の一文であろう。「卑俗な反ユダヤ主義は、ユダヤ化されているという理由から、戦後(一九一四年から一八年にわたる戦争後)の文化現象を堕落頽廃したものとみなすことに欣々としている[27]」。ここにいきなり登場する「卑俗な(vulgaire)」という形容詞は、いったいいかなる意味作用を担っているのであろうか。この一文は反ユダヤ主義を称揚するものなのであろうか。あるいはそれに異を唱えるものなのであろうか。もしもこの「卑俗な」という形容詞がなかったなら、この一文の解釈はどうなっていたであろうか。この形容詞の取り扱いに同種の関心を寄せたデリダは次のように述べている。「この記事は何を言っているのであろうか。卑俗な反ユダヤ主義を批判することが問題となっているのは確かである。それが主要な、明言され強調されている意図だ。しかし、卑俗な反ユダヤ主義(vulgar antisemitism)をあざ笑うということは、反ユダヤ主義の卑俗性(vulgarity of antisemitism)を愚弄したり嘲笑したりすることでもあるのだろうか。後者のこうした統辞上の転調は、二つの解釈への扉を開いたままにさせている」[28]。デリダの言明を別様な形で言い換えるなら、「反ユダヤ主義」という語に付された「卑俗な」という形容詞については、少なくとも次の二通りの解釈が可能だろうということである。

一「卑俗な」という語はある特定の反ユダヤ主義のみを形容するものであるという解釈。つまり、卑俗な反ユダヤ主義が存在するということは、他方に卑俗ではない純正な反ユダヤ主義、すなわち、道義上いささかも問題のない尊重すべき反ユダヤ主義が存在するという解釈。

二「卑俗な」という語は反ユダヤ主義全般を規定する形容詞であるという解釈。つまり、反ユダヤ主義は総じて卑俗なものであり、例外はありえないとする解釈。

これら二つの解釈は反ユダヤ主義に対し正反対の立場を支持することになってしまうが、どちらがより正当な解釈であるかを判断するための決定的な根拠はどこにもない。もしも「卑俗な」という一語がなければ、この冒頭の一文は『ル・ソワール』紙の親ナチ的な方針と真っ向から対立することになってしまったであろう。しかし、ド・マンはこの形容詞を特集コラムの中心テーマを示す「反ユダヤ主義」という語にさりげなく添えることで、一義的な解釈を攪乱し、機械的な「読み」の操作をぎりぎりのところで食い止めているのである。思えば、「卑俗性」はド・マンのその後の記事にも登場するキー・ワードであった。一九四二年一月六日、『ル・ソワール』紙に掲載された記事「芸術的な卑俗性について(Propos sur la vulgarité artistique)」のなかで、ド・マンは卑俗な人間について次のように記している。「卑俗な人間は大衆の好感度を保証してくれる機械化されたやり方を見境なしに利用することに甘んじている」[29]。ある特定の言葉、それも一つ間違えば生命の危険性までも覚悟しなければならないような言葉をめぐっては、その使用に際し最善の注意を払わなければならないであろう。そうした枢要な用語については、それを一義的、機械的に解釈してしまうような卑俗な「読み」の暴力から巧みに防御する必要があるのだ。ド・マンの記事の場合、冒頭に置かれた「反ユダヤ主義」という一語がすべてを決するキー概念であり、しかも、あらゆる状況から見て、それに公然と異を唱えることができないのは明らかである。いわば、この特集コラムに加わったときから、ド・マンは「反ユダヤ主義」に対し、「諾」でも「否」でもなく、また同時に「諾」でも「否」でもあるような微妙で危うい言明を余儀なくされるという立場を選択してしまったと言えるかもしれない。つまり、彼は最初から一種のダブル・バインド状態に身を置いているのだ。「この記事は何を言っているのであろうか」というデリダの問いは、まさにそうした言語的アポリア状況に直面した若きジャーナリストの葛藤と、それを巧みに打開しようとする綱渡り的な言明行為を鮮やかに照射している。皮肉と言うべきか、ド・マンが終始警戒していた人間特性を示す「卑俗な」という形容詞は卑俗的に機能するのではなく、この記事の機械的、すなわち卑俗的な解釈を攪乱し、執筆者ド・マンの「非協調的な密輸業者」としての役割を保証しているのである。

おわりに

とりわけド・マンの擁護派が口にしがちなことであるが、ディコンストラクショニストとしてのド・マンはベルギー時代の呪われた活動を深く反省するとともに、それを贖う作業に終始しているという考え方がある。つまり、若き日のド・マンと後年のド・マンとの間には決定的な不連続性が存在するということである。そうした見解に対しては概ね同意するしかないとしても、ベルギー時代のド・マンの記事に、彼が終生取り組むことになる「言語」ないしは言語の「修辞(性)」に関する問題が兆候的に読み取れることもまた確かであろう。それは一言で言うなら、一義的な解釈に還元しえない言語の不確かで攪乱的な性質という問題意識である。「現代文学におけるユダヤ人」という一見何の変哲もない記事は、冒頭に立ち現われる「卑俗な」という一語によって、まったく相反する二つの解釈の間で引き裂かれる。この記事を読み始める者はほとんど例外なく、ド・マンの立場が反ユダヤ主義的であると想定してかかるであろう。しかし、そうした事前的な想定を一点の曇りもなく支持できるような証拠は何一つ存在しないのだ。ド・マンは確かに反ユダヤ主義を標榜する『ル・ソワール』紙の特集コラムに一稿を投じた。それは紛れもない事実である。だが、デリダがいみじくも指摘しているように、ド・マンの記事が「そのすぐそばに掲載されている他の記事を弾劾しているかのようにみえる[30]」こともまた確かなのである。「現代文学におけるユダヤ人」という記事を書かざるをえなかったド・マンの諸事情を勘案しても、彼が親ナチ的な新聞に加担していたという事実は変わらない。しかし、それでもなお、この記事の有する非協調的なスタイルは、ド・マンが親ナチ的であったとする機械的な解釈に亀裂を生じさせ、言説の内部に潜むアポリア――脱構築者たちの言う「内的な差異」――を暴き出すものとなっている。反ユダヤ主義というキー・タームにさりげなく添えられた「卑俗な」という不可思議な形容詞。それは依然として、卑俗な「読み」に対する危うい防御柵のようなものとしてあり続けているのである。

【註】

(1) 二〇〇六年八月二〇日『読売新聞』第六面。

(2) Victor Farias, *Heidegger et le nazisme*, Editions Verdier, 1987.(邦訳は、ヴィクトル・ファリアス『ハイデガーとナチズム』山本尤訳、名古屋大学出版会、一九九〇年)

(3) マーク・リラ『シュラクサイの誘惑――現代思想にみる無謀な精神』佐藤貴史・高田宏史・中金聡訳、日本経済評論社、二〇〇五年。とりわけ第一章「マルティン・ハイデガー、ハンナ・アーレント、カール・ヤスパース」を参照のこと。ちなみに、第二次世界大戦中、ドイツ占領下でナチスに協力したフランス人は、「コラボ(ラトゥール)(collabo(rateur))」と呼ばれるが、「コラボ」に関する詳細な情報源としては、福田和也『奇妙な廃墟』(ちくま学芸文庫、二〇〇二年)が参考になる。

(4) 全体の詳しい内容については、本書所収の拙訳(【コラム】①)を参照せよ。

(5) この問題に対して質の高い分析を施し、「ド・マン事件」の内実を最も鮮明に照らし出している文献としては、次の論文集が注目されるであろう。Werner Hamacher, Neil Hertz, and Thomas Keenan, eds., *Responses: On de Man's Wartime Journalism*, University of Nebraska Press, 1989. この論文集にはロドルフ・ガシェ、ペギー・カムーフ、J・ヒリス・ミラー、ザームエル・ヴェーバー、そして、ジャック・デリダなど、総勢三八名の錚々たる顔ぶれが集っている。

（6）このような指摘については、例えば前註に挙げた文献に収録された以下の論考を参照せよ。Timothy Bahti,《Telephonic Crossroads: The Reversal and the Double Cross》/Ian Balfour,《"Difficult Reading": De Man's Itineraries》/J. Hillis Miller,《An Open Letter to Professor Jon Wiener》.

（7）前註の最後に掲げたJ・ヒリス・ミラーの論考は同じ大学で教鞭を取る歴史学者ジョン・ウィーナーに宛てられた反論書簡であるが、ミラーはそこで、厳密な実証研究を旨とするはずの歴史学者がド・マンの記事についていかに杜撰な扱いをしたかということを指摘し、厳しい口調で非難している（詳しくは本書第五章を参照）。

（8）実際、マルリエが取り上げている、「キュビスム」、「シュルレアリスム絵画」、「エコール・ド・パリ」といった芸術運動（潮流）とユダヤ人問題との間にはそれほど明白な関係があるわけではない。その点はマルリエ自身も承知済みである（「例えばキュビスム絵画。その立役者たちはジョルジュ・ブラック、アンドレ・ロート、フェルナン・レジェといった正真正銘のフランス人芸術家たちばかりであるが、〔…〕」）。

（9）Jacques Derrida,《Like the Sound of the Sea Deep Within a Shell: Paul de Man's War》, in *Responses: On de Man's Wartime Journalism*, p. 142. この書物に収められたものはペギー・カムーフによる英訳版。この記事は一九八八年にアメリカの雑誌『クリティカル・インクワイアリー』（第一四巻第三号）に先ず掲載された。また、同年刊行されたJacques Derrida, *Mémoires pour Paul de Man*, Galilée にはフランス語版《Comme le bruit de la mer au fond d'un coquillage... La guerre de Paul de Man》が収録されている。邦訳（抄訳）は、ジャック・デリダ「貝殻の奥に潜む潮騒のように」島弘之訳、『現代思想』一九八九年四月号。

（10）こうした風潮は文学批評界だけでなく、例えばギルバート・アデアの小説『作者の死』（一九九二年）などにも確認することができる。この小説の主人公であるレオポルド・スファックス教授は明らかにポール・ド・マンをモデルにしているが、作者アデアはスファックスの忌まわしい過去を暴き、その輝かしき栄光を打ち崩すという筋書きのもとにこの物語を構想している。ついでに付言しておくなら、この小説の邦訳版（高儀進訳、早川書房、一九九三年）に解題（「『作者』アデアを再構築する」）を寄せている若島正の文章には、ド・マンが『ル・ソワール』紙に「親ナチ的な文章を数多く発表していたという事実が暴露された」（同書、一五二頁）という件があるが、この指摘は明らかに誤っている。当時世に流布された根拠なき風聞を鵜呑みにした言明と思われるが、ド・マンが親ナチ的な文章を数多く書きなぐっていたという事実は存在しない。

（11）Derrida, op. cit., p. 134.

（12）全体の詳しい内容については、本書所収の拙訳（【コラム】①）を参照せよ。

（13）Werner Hamacher, Neil Hertz, and Thomas Keenan, eds., *Wartime Journalism, 1939-1943*, University of Nebraska Press, 1988, p. 85。（本書五五頁）

（14）全体の詳しい内容については、本書所収の拙訳（【コラム】①）を参照せよ。

（15）*Wartime Journalism, 1939-1943*, op. cit., p. 200.（本書六四―六五頁）

（16）マーティン・マックィラン『ポール・ド・マンの思想』土田知則訳、新曜社、二〇〇二年、一九三頁。

（17）この記事の問題点はむしろ別のところにある。ド・マンはドイツ文学の栄えある未来を占う指針として、ナチスの指導者の一人であったバルドゥーア・フォン・シラッハ（一九〇七―七四年。一九四六年、ニュルンベルクの軍事裁判において禁固二〇年の刑を宣告される）の言明を長々と引用し、この記事の締めくくりとしているのである。しかし、当時のド・マンがその後に生じるナチスの犯罪を予想することができなかったことは言うまでもない。

（18）*Wartime Journalism, 1939-1943*, op. cit., p. 201.（本書六八頁）

（19）Ibid., p.45.（本書五一頁）

（20）Id.（本書四九―五〇頁）

（21）Id.（本書五一頁）

（22）Id.（本書五二頁）

（23）Derrida, op. cit., p. 147.

（24）マックィラン、前掲書、二四〇—二四一頁。
（25）Derrida, op. cit., p. 145.
（26）Ibid., p. 143.
（27）*Wartime Journalism, 1939-1943*, op. cit., p. 45.（本書四九頁）
（28）Derrida, op. cit., p. 143.
（29）*Wartime Journalism, 1939-1943*, op. cit., p. 180.
（30）Derrida, op. cit., p.144.

【コラム】① ドイツ占領下時代の新聞記事 四篇

【訳者解題】ポール・ド・マン(一九一九―八三年)の死から四年のちの一九八七年八月、世界の言論界・思想界を突然の嵐のように襲い、センセーショナルな論争を惹き起こすもとになったのは、弱冠二一歳(正確には二一歳三ヵ月)の彼がドイツ占領下のベルギーで執筆した一篇の新聞記事であった。それがここに訳出した記事の一つ、「現代文学におけるユダヤ人」である。この記事はベルギー最大手の日刊紙『ル・ソワール』に一九四一年三月四日に掲載された(ちなみに、一九四一年一〇月時の発行部数は二七万部を数える)。当時のベルギーはナチス・ドイツの完全な支配下にあり、新聞、定期刊行物、書物の出版には厳しい統制が強いられていた。ナチスの強権的な言論統制に憤りを覚えるベルギー人たちは、『ル・ソワール』紙を『ル・ソワール・ヴォレ』紙(『盗まれた夜』紙)と嘲笑的に呼び慣わしていた。しかし、当時の切迫した政治・社会状況を考えるなら、他の新聞と同じく、『ル・ソワール』紙の論調が親ナチ的とならざるをえなかったことを無条件に非難することは困難であろう。

この爆弾的な記事が当時はまだ無名の一大学院生にすぎなかったオルトウィン・ド・グラー

フによって発見されたとき、狼狽しきったこの若者はその適切な処置をドイツの哲学者／文芸批評家ザームエル・ヴェーバーに相談し、次いでヴェーバーはその相談をパリのジャック・デリダに伝える。ヴェーバーとデリダは発見されたフランス語の記事すべてのコピーを送るよう要請したが、ド・グラーフから届けられたのは僅か二五篇の記事と一二五篇の記事目録だけであった。しかし、ド・マンがベルギー時代に執筆した記事の全貌が明るみに出されるのに、さしたる時間はかからなかった。記事発見の翌年（一九八八年）には早くもド・マンの新聞記事はすべて取り集められ、ヴェルナー・ハーマッハー、ニール・ハーツ、トマス・キーナンの編集の下、一冊の書物にまとめられたのである。それが書物というよりもむしろ剝き出しの「資料集」とでも言うべき『戦時ジャーナリズム　一九三九―一九四三年』(*Wartime Journalism, 1939-1943*, University of Nebraska Press)に他ならない。収められた記事は『ル・ソワール』紙に掲載された一七〇篇（および、署名のない記事など一六篇）、フラマン語の新聞『ヘット・フラームスへ・ラント』紙掲載の一〇篇（ド・グラーフによる英訳を併録）、さらにはブリュッセル自由大学の左翼学生サークル〈リーブル・エグザマン〉の刊行物『カイエ・デュ・リーブル・エグザマン』掲載の三篇、戦前の社会主義学生新聞『ジュディ』掲載の七篇、ド・マンが一九四二年二月に就職した出版社（アジャンス・ドゥシェンヌ）の雑誌『ビブリオグラフィ・ドゥシェンヌ』に掲載された一〇〇篇の文章から構成されている。この書物（資料体）は現物の新聞記事をそのままコピーし、何ら手を加えない形で年代順に並び置いただけのものであり、お世辞にも読み易いものとは言えない。古い新聞記事ゆえに、活字が黒く潰れていたり、霞んで消えていたりする箇所も多く、時には判読困難（あるいは不可能）なこともある。

ポール・ド・マンの戦時ジャーナリズムを親ナチ的と決めつけ、ファシスト呼ばわりした論客たちの大部分は、彼らが告発の根拠としたド・マンの記事をほとんど（あるいはまったく）読んでいなかった。この資料体にある程度目が通され、賛否両論入り乱れた評価がひとまず提出されたのは、『戦時ジャーナリズム　一九三九―一九四三年』の編集に当たったたった三人のメンバーが、一九八九年に『応答――ド・マンの戦時ジャーナリズムについて』（*Responses: On de Man's Wartime Journalism*, University of Nebraska Press）というタイトルの論文集を刊行したときであると言えるだろう。しかし、後期ド・マンの華々しい栄光を知る多くの者たちにとっては、彼が戦時中に書き散らした文章などはおよそ精緻な分析に値するほどのものではなく、厳密な読解に委ねられる価値もないものと映るに違いない。そこで、この機会を利用し、「ド・マン事件」の火種となった記事「現代文学におけるユダヤ人」を含め、四篇の記事を訳出・紹介することにした。膨大な「資料体」（記事）のなかからこれらの記事を選んだのは、それらがすべて同じ新聞（『ル・ソワール』紙）に掲載されたからであり、問題の記事（「現代文学におけるユダヤ人」）の後相次いで執筆されたものだからである。いずれも若きド・マンの思想的心情や文学・芸術に寄せる情熱、そして関心のありかを伝える貴重な資料であるが、こうした紹介の試みがこの二〇世紀屈指の文学理論家の評価と理解に少しでも役立つなら、それに勝る喜びはない。

訳出した四篇の原文タイトルは以下のとおりである。

Les Juifs dans la Littérature actuelle

Charles Péguy

Sur les possibilités de la critique

Introduction à la littérature allemande contemporaine

原文中に発覚した誤りと思える箇所については適宜修正を施した。「シャルル・ペギー」の結末付近に現れる "ultte" は前後の文脈から "lutte"(闘い)と判断した。また、「批評の可能性について」で言及されるジェルメーヌ・スネイェールの書籍タイトルについては、*Romancière d'entre deux guerres*(『両大戦間の女流小説家』)および *Romanciers d'entre deux guerres*(『両大戦間の小説家たち』)の二種類の表記が登場するが、論旨から判断し、後者を採用した。さらに、「ドイツ現代文学への手引き」の末尾にあるバルドゥーア・フォン・シラッハからの引用は文章が二つの段落にまたがるため、不自然さを避ける目的で後の段落全体(「ゲーテをフリーメーソン会員とみなしたり、〔…〕」以下)を前の段落に組み込む形で訳出した。なお、「現代文学におけるユダヤ人」については若干の修正を施した上で、拙訳(マーティン・マックィラン『ポール・ド・マンの思想』新曜社、二〇〇二年、二三七—二四一頁)を採用することにした。この場を借り、一言お断りしておきたいと思う。

現代文学におけるユダヤ人

一九四一年三月四日『ル・ソワール』紙

卑俗な反ユダヤ主義は、ユダヤ化されているという理由から、戦後(一九一四年から一八年にわたる戦争後)の文化現象を堕落頽廃したものとみなすことに欣々としている。文学はこうした碑文のような判断から逃れることはできない。現代のあらゆる作品が不浄で邪悪なものとみなされるためには、ラテン式のペンネームを用いている幾人かのユダヤ人作家を見つけるだけで十分であろう。だが、こうした考え方はむしろ危険な結果を招来する。それは何よりもまず、決してそのような因縁を被るいわれのない文学を最初からまるごと非難することになってしまうからだ。さらにいえば、今日の文学に何らかのメリットがあると認めた瞬間から、西洋の作家たちを彼らとは異質なユダヤ文化の単なる模倣者に還元してしまうことが、むしろ彼らに対するいささか追従《ついしょう》的な評価といったものになってしまうからである。

ユダヤ人たち自身がこうした神話を広める一因となってきた。彼らは、われわれの時代を特徴づける文学的運動のリーダーとして、しばしば自らを賛美してきたのだ。だが、実をいえば、この過ちにはより深い原因が存在する。現代の詩や小説は世界大戦が生み出した一種の怪物的な副産物に他ならないという広く蔓延した信念が、ユダヤ人による占有というテーゼの源に存在するのである。実際、ユダヤ人たちが一九二〇年以降のヨーロッパにおける不自然で錯乱した生活に重要な役割を演じたことを考えるなら、こうした空気のなかで生まれた小説は、ある点までは、ユダヤ化されていると形容するのに相応しいものと言えるだろう。

しかし、現実はそれとは異なっている。美的な発展というものは非常に強力な法則に従うもののように思われる。そして、そうした法則は、たとえ人類が深刻な事件によって揺り動かされたときでもその作用を持続するものなのだ。世界大戦は政治・経済的な世界に深甚な激変を引き起こした。だが、芸術的生活はほとんど動揺させられていないし、今日われわれが知っている諸形式はそれ以前のものから当然の形として論理的に導かれたものなのである。

このことがとりわけ明らかなのは小説の場合である。「小説とは大道に沿って持ち運ぶ鏡のようなものである」というスタンダールの定義は、今日でもこの文学ジャンルを支配している法則なのである。外的な現実を徹底的に尊重するという義務がまず最初にあった。しかし、より深く掘り下げることで、小説は心理的な現実を探究し始めることになる。スタンダールの鏡はもはや道の途上でじっとしていることはない。それは登場人物たちの心の最も奥まった隅々までも探索しようとするのだ。そして、この領域は驚きという点でも豊かさという点でもきわめて豊穣なものであることが判明したので、依然として小説家の探査する唯一無二の領域を形成しているのである。

ジッド、カフカ、ヘミングウェイ、ロレンス——リストは無限に増やすことができよう——といった小説家たちすべてがしたことは、彼ら独自の方法によって内的生活の秘密に分け入る試みに他ならなかった。このような特性を通じて明らかにされた彼らの姿は過去の伝統をことごとく断ち切った革新者のイメージではなく、一世紀以上も続く写実的な美学をさらに追求しようとする継承者のイメージだったのである。

同じような証明は詩の領域でも行なうことができるであろう。シュルレアリスムや未来派のようなわれわれにとっては最も革命的と思える諸形式にも、実をいうなら、切り離して考えることができない伝統的な祖先が存在するのである。

したがって、現代文学を一九二〇年代の特殊な心性が生み出した孤立的な現象とみなすのは馬鹿げたことと言えるだろう。同様に、ユダヤ人たちは現代文学の創造者であったと主張することはできないし、現代文学の発展に圧倒的な影響を与えたと主張することさえできないであろう。厳密に検討するなら、このような影響は途方もないほど些細なものであったように見える。というのも、もしもユダヤ的精神の特異な性格を考慮するなら、ユダヤ的精神はこうした芸術製作においてよりいっそう華々しい役割を演じたであろうと期待されるからである。彼らの主知主義および諸理論を吸収しつつもそれらに対してある種の冷静さを維持する能力は、小説が要求する明晰な分析作業にとっては非常に貴重な資質であるように思われた。だが、それにもかかわらず、ユダヤ人作家たちは常に副次的な位置に甘んじてきた。話をフランスだけに限っても、アンドレ・モーロワ、フランシス・ド・クロワッセ、アンリ・デュヴェルノワ、アンリ・ベルンステン、トリスタン・ベルナール、ジュリアン・バンダなどは決して最重要な面々とは言えないし、文学の諸ジャンルにこれといった指導的な影響を与えたわけでもなかった。こうした観察はさらに西洋の知識人たちを勇気づけるものでもある。つまり、西洋の知識人たちが文化を担う文学のような領域でユダヤ的な影響から自己を守ってこられたということは、彼らの活力の証しなのである。われわれの文明が外部の力に侵略されるままになっていたなら、われわれは未来への希望を断念しなければならなかったであろう。ヨーロッパ人の生活のあらゆる局面にユダヤ的な干渉があったにもかかわらず、われわれの文明はその完全な独自性と特質を維持することで、その根本性質が健全なものであることを立証したのである。付言するなら、ヨーロッパから隔離された地にユダヤ人居留地を設営するというユダヤ人問題への解決策は、西洋の文学生活には少しも嘆かわしい結果をもたらさないことがわかるだろう。西洋の文学生活は結局、つまらない価値しかもたないいくつかの平凡な個性を失うだけで、これまで同様、自らの偉大な進化的法則に従って発展しつづけていくことであろう。

ポール・ド・マン

シャルル・ペギー

一九四一年五月六日『ル・ソワール』紙

最近シャルル・ペギーをめぐる二冊の著作が刊行された。一冊は息子のピエール・ペギーによってまとめられた選集で、『フランスの諸聖人』と題されている。(1)そしてもう一冊はダニエル・アレヴィによる研究書『ペギーと半月手帖』である[2]。これはペギーの有する現代性の復権ともいうべきもので、何ら驚くべきことではない。生前には幾人かの誠実な友人たち以外には誰も知る者のなかったペギーは、この数年の間に、まさに世代の人々全般によって発見されることになったのだ。彼の影響は数多くの著作物によって、とりわけ取るに足らぬ文学者たちの間では既に明らかであった。だが、いまや彼はフランスがこの四半世紀の間に生んだ最も魅力的な人物の一人として立ち現われたのである。こうした名声は彼を驚かせることはないだろう。というのも、彼は常に自己の才能を信じ、いつかは自分の声に耳を傾けてもらえると確信していたからである。これは長い先を見据えた希望であり、彼の人生においては大きな支えであったに違いない。ペギーの人生は試練の連続であり、平穏な栄光の喜びよりも、心身を消耗させる暗い闘争に溢れていたからである。

つまり、ペギーの人生は楽なものではなかったのである。先ずは、ペギーが活動を開始した一八九五年頃のフランスが浸っていた非常に特異な精神的雰囲気に留意しながら、彼の人生を思い描いてみよう。

フランスの思想は奇妙な雰囲気のなかで動いており、それはわれわれが最近知ることになった類の観想的な諦観とは程遠いものであった。フランスは同国の歴史上ほとんど度外れともいうべき役割を果たしたドレフュス事件への熱狂によって二つに引き裂かれていた。結局のところ、問題は大したことではなかった。一人の名もない参謀将校が機密文書を敵側に漏らしたとして起訴されたのである。将校を降格させ、投獄することで、この件については完全な沈黙を貫くということも起こり得たであろう。しかし、何人かの重要人物たちに支援された家族側の懇願に基づき、彼の訴訟を見直してほしいという声が上がったのである。長時間の議論のあと、破棄院〔フランスの最高裁判所〕は尋問を行なうことに同意した。かくして被疑者の無実が証明され、彼は権利を回復したのである。ここにはせいぜい感じやすい人の心を動かす大仰な三面記事程度のものしかない。しかし、この事件をめぐっては、フランスで知的――そして、とりわけ文学的――エリートに数えられるすべての人々が揺り動かされたのである。ゾラは「私は告発する！」と題された批判文書によって被疑者解放のための広範な運動を引き起こした。偉大な学者・芸術家たちをメンバーとする〈人間と市民の権利同盟〉が組織された。無論、彼らが擁護したのはドレフュスであったが、それはまたドレフュスを越えたところにある共和的・革命的な権利要求事項――〈教会〉と〈国家〉の分離、社会主義的要請――でもあった。国家主義的・保守主義的な反対陣営では、バレス、モーラス、そして彼らほど高名でない人たちが闘っていた。両派は決して直接的に衝突し合うことはなかったし、また決定的な支持を得ることもなかった。

人々は明らかに、行動に参加しない知的生活の平穏無事さといったものとは程遠い状況に身を置いていた。ドレフュス事件は二党派の抗争という以上に、思想の闘いであり、そこにはアナトール・フランスのような最長老たちも加わっていたのである。ペギーはこのとき、高等師範学校の学生であった。仲間たちにとって、社会主義的思想と平等主義的正義感の染み込んだこの情熱家の取ることになる姿勢には何の疑いもなかった。彼は徹底的なドレフュス主義者となるであろう。彼の支持した立場が勝利することで、ペギーは社会主義運動の文化的な中心であった〈図書出版・販売新社〉という出版社の代表代理の肩書きを手にすることになる。しかし、この若き党派員はそれと知られた独立心と不服従な態度を示したので、たちまちのうちに上司たちと仲たがいすることになる。そして、出版者としての地位を棄てることを余儀なくされたのである。職を得るために学業を断念した上に、既婚者であり、一人の子供の父親でもあった者にとって、職を手放すことは危険な行為であった。彼はこうして、金も友人も仕事もなくなってしまったのである。とはいえ、友人が一人もいなかったわけではない。彼はその後も幾人かの誠実な友人たちに取り巻かれていたし、彼らに自分が思い描いている計画について伝えることができたからである。ペギーは雑誌を創刊したいと望んでいた。それはもはや一党派に従属するものではなく、自由に発売され、いかなる統制もなく、なおも社会主義的な思想を擁護するものであった。雑誌のタイトル？　それは『(半月)手帖』。アレヴィの言を借りるなら、まさにそれは非常にきれいで、きちんと整理されたペギーの学生時代の手帖を髣髴させるものであった。

その後は『手帖』を存続させ、成功させることが人生のすべてとなるわけだが、彼はソルボンヌ大学近くに位置する店舗で管理、印刷、販売を滞りなく行なうことができた。一軒一軒購読者を探し歩くペギーの活力と、ロマン・ロラン、アレヴィ、ソレル、バンダといった人たちの協力の効果のおかげで、『手帖』は予約を集め、前途を確実なものにすることができた。しかし、彼らの船出にも困難がなかったわけではない。一九一〇年から一九一四年にかけてのペギーは漠とした不安に常に脅かされることになったし、敵対者たちと闘い、暗礁を回避しなければならなかったのである。彼には一瞬の休息も許されなかった。一息つくことなど決してできなかったし、危険に晒されている身の安全を守るために絶えず闘い続けなければならなかったのだ。用意周到な家長でありながら、とりわけ不安定な職にあったペギーは、生計を維持するために、持ち前の農民的粘り強さで、休むことなく闘い続けることになるだろう。だが、それでもなお彼の失敗を望む輩はいた。先ずはかつての仲間であった社会主義者たち。彼らはペギーの反抗を許さず、恐ろしい〈支配者(Herr)〉の口振りを借り、「あらゆる手を尽くして彼に対抗する」と宣言したのである。次いで右翼人士たち。ペギーの非順応的態度に苛立った彼らは、人を面食らわせるこの新手のキリスト教徒を絶えず意地悪な目で見つめていたのだ。こうした二つの敵愾心に捕らわれながらも、ペギーは昂然として歩み続け、自己の仕事を守り、『手帖』のうちに当代フランス文学の最も傑出した部分を寄せ集めたのである。その後も『手帖』の仕事に従事していたペギーは、一九一四年の大戦開始とともに歩兵中尉として出兵。だが、その職務も長く続くことはないであろう。マルヌの会戦開始の際、機関銃による一斉射撃により小隊は全滅。部下の突撃を率いていたペギー中尉も同時に命を落としてしまうのである。

※

ペギーの執筆スタイルについては厳しい議論が交わされてきた。ある者たちは彼の連続的な列挙形式(詩篇『エヴァ』には「あなたはもはやご存知なかった」で始まる詩節が一二二存在する)にわざとらしさすれすれの手法を見て取った。だが、そこにはむしろペギーの思考のリズムそのものを見出すことにしよう。それは断続的に出来し、その度ごとに後ろに立ち戻り、次いで、過ぎてきた道のりに数センチメートル多くのものを付け加えるのである。こうしたスタイルを見事に定義したジッドは、「連続し、互いに相似た砂漠の小石たちのようである。各々が互いに同じでありながら、ほんのちょっと異なっているのだ」と評している。またアレヴィは次のように言うことになろう。「彼は長いうねりによって自らの思考を励ましながら、まるで波のように進んで行く。各々のうねりは先のうねりを覆い、それをほんの僅かだけ追い越すのだ」。上げ潮というのがまさに最もぴったりのイメージと言えるだろう。それはゆっくりと少しずつ伸び拡がり、やがては一番崇高な頂に達するのである。言葉が音楽の専売特許と思われてきたような強度な表現を獲得している。この点でもまた、ペギーのもたらした貢献には計り知れないものがある。したがって、最もはっきりと天才のしるしを帯びた昨今のフランス作家であったという地位をペギーと競うことのできる者など誰一人としていないであろう。

彼が時として彼固有の妙技と戯れ、ある種の行き過ぎを回避しようとしなかったことは確かである。しかし、こうした特徴は最も傑出した人たちのうちにも、そしてとりわけ、節度に配慮して自らのインスピレーションにブレーキをかけようとすることを何よりも嫌う、あふれんばかりの気性の人たちのうちにも存在する。そして、まさにそれが彼らに奇跡の実現を可能にさせるのだ。

決して妥協せず、思考による闘いを手放さなかった偉大な魂の持ち主。カトリシズムの変革・刷新者。そして最後に、永遠の美に対し、芸術家・創造者としての驚嘆すべき才能に恵まれた偉大な人物。これが今われわれの前に立ち現われるペギーの姿である。後世の人々は彼らの時代規範を超越し、彼らの最も深遠な部分に触れるメッセージを伝えるこうした気質を好意的に受け止めているのである。

ポール・ド・マン

（1）N.R.F.,《Collection catholique》.
（2）Grasset.

批評の可能性について

一九四一年一二月二日『ル・ソワール』紙

『両大戦間の小説家たち[1]』と題されたジェルメーヌ・スネイエール女史の書物に寄せた序文のなかで、批評家は歴史家ではない、とH・ダヴィニョンは宣言している。彼はさらに続け、作品を判断者の倫理的・宗教的信念に応じて評価するような教化的批評を推奨している。一方、『ヌーヴォー・ジュルナル』誌に掲載された最近の論考のなかで、ロベール・プーレ氏は、他人の著作を個人的な創造行為のための霊感源としてしか利用せず、分析的・客観的検討をことごとく締め出すような創造的批評を擁護している。

こうした二つの発想は、文学批評にその根本的な目標に達していない使命を割り当てるという共通点を有している。双方の場合とも、批評はもはや道徳や哲学のレッスンのための口実、あるいは音楽家たちにしばしば見かける「……という主題による変奏」にも酷似したプロセスから生じるような芸術的高揚のためのきっかけとしてしか役立たないのである。要するに、批評は自立的な学問を形成するための可能性を十分内包していないというわけである。批評が道徳のレッスンであったり、芸術作品であったりすることを要求するということは、批評に一つの意味やより大きな効力を与えるような他の諸要素を導入することで、批評固有の貧しさを補う必要があるという意味なのである。

実際、ある読みが引き起こした考察や、その反響を利用し、一つの体系や独創的な創作物を生み出すことはまったく可能である。しかし、その瞬間から、厳密な意味での批評について語ること、そしてとりわけ、ただそのような時にだけ批評はその真の機能を果たしていると主張することはもはや正当ではないことになってしまうだろう。というのも、批評は批評に属する固有の目標と義務を保持し、それらは他の根拠づけを必要としないからである。

批評の使命については文学作品の価値を規定するという最も根本的なものだけを持することにしよう。こうした責務は比較的単純なものに見えるが、実際はこの上なく高度な複雑性を帯びた予備作業を必要とする。というのも、このような試みを企てたいと望む者は、もしも利用しようとする諸基準を厳密に明確化しなければ、軽率さ、そしてある意味では誠実さの欠如を露呈してしまうからである。また、こうした探究は予断的な確信に基づいてしかなされ得ないが、それは逆に、あらゆる先入見や文学外的な偏向から自由であることを要求するものである。文学とは文学にしか属さないような生命、法則、責務を有する独立した領域であり、それらのものはいかなることがあろうとも、文学の傍らで立ち働く哲学的ないしは倫理的な偶発事には左右されないのだ。最小限言えるのは、文芸の世界を支配している芸術的な諸価値は〈真〉や〈善〉といった諸価値と混同されてはならないということであり、また、人間的良心といった領域から自らの諸基準を借用しようとする者は、一貫して判断を誤るであろうということである。こうした理由で、スネイェール女史の書物の全頁に確認される発想は、それらの論考の長所や短所とは無関係に、この書物に教化的な調子を与えるのであり、それがしばしば耳障りとなるのである。道徳的な生活に問題があったからといって小説家としてのジッドを非難したり、性格が気に入らないからといってアンリ・ド・モンテルランを憎悪したりする権利はない。作家が攻撃されるとしたら、それはその作家の文体に欠陥があるとか、創作したジャンルの掟＝法則に背いているからであって、決して道徳的人格の薄弱さや欠如のせいではない。世界文学の最も美しい頁とはしばしば失策、断念、変節といったものを表現している頁である。また、この上なく高貴な感情を高揚させるために陳腐極まりない言葉が記されることもあったのだ。こうしたことはすべて明々白々であり、批評は「寛大なヒューマニズムを標榜する哲学と関連した推論の総体から、あるいはまた、人間の超自然的な誠実さと結びついた道徳的責任性から形成」されねばならないなどと再度主張する気がないなら、繰り返し述べるには及ばないであろう。

こうして個人的な見解や趣向性を取り払われた批評家に残されているのは、諸ジャンルの法則を探究し、自らの試金石となるようなある種のコードのようなものを作成することである。こうした企ての困難さは、審美的な規範や定式にそなわる極端な変わり易さから生じる。問題となるのは永遠・不易の〈美〉ではなく、重層し、交差し、互いに影響し、格闘し合いながらも、すべてが固有の法則を有しているような一連の動きなのである。しかし、注意深い検討がなされるなら、そうした表面的な混乱の背後に、ある種の秩序が存在することが明らかにされるであろう。また、多少とも総合的な精神の持ち主であるなら、このような渦巻が、周期的で一貫性のある発展の様々な段階を示す幾つかの標準点の周りで動いていることを指摘できるであろう。各発展段階には一群の基準が関係し、そうした諸基準は別の発展段階に到達した時点で修正されることになるだろう。したがって、様々な評価方法を絶えず確認し直し、それらをその時代の様相に適合させることが必要となるだろう。また、それは歴史の領域と直に関わる諸方法を適用することで初めて可能となるだろう。すなわち、過去の考察からもたらされる経験や兆候の総体に依拠すべしということである。こうした諸現象の時間・空間内における比較作業に専心することにより、そこから真の重要性を引き出すことが可能になるであろう。したがって、批評家は歴史家ではないというダヴィニョン氏の主張が正しいのは、ある程度まででしかない。何故なら、批評家は批評家である以前に、まさに文学という人間的活動分野についての歴史家でなければならないからである。こうして初めて、批評家は十分な堅固さを備えながらも、絶え間ない発展に臨機応変に対応できる一群の確たる基準を手にすることを望みうるのだ。

そして、いわゆる判断といったものは、ほとんど二次的な操作、理論的装置――それは実際には、実践的な適用を超過する重要性を有しているのだが――に基づく実践的な適用としてしか生じないことになるだろう。同じくまた、数学からの幾つかの応用は、そうした応用を可能にした抽象的な推論に備わる崇高さと厳密さに場を譲り渡してしまうことになるであろう。X……氏が最後の小説を書いたとき、あらゆる約束事をすべてきちんと遵守していたかどうかを知るのは、結局のところあまり重要なことではない。しかし、そのような約束事を定式化し、それが数世紀の間に変化した次第に注目することは極めて有益かもしれない。というのも、そうした検討は歴史上卓越した位置を与えられている国民の政治的行動の検討と同様、啓示的であるからだ。それは人類が変化し発展してきた経緯について、全体的概観を得ることを可能にする。何故ならば、人類の精神性を明らかにするものは戦争や征服の発展のなかにと同じく、芸術家たちの仕事のなかに映し出されるからである。したがって、批評についてのこうした考え方が華やかさに欠けるつまらぬものと思われたり、才知の不毛な行使と一見同じように見えたとしても、それは依然として文学史に関する哲学の確立を可能にするものであり、そうした哲学はいわゆる歴史哲学と同様、豊かなものなのである。

そこで、このような観点から考察されるなら、批評はもはや触りの一節を執筆したり説教を垂れたりするための口実ではないことになる。作品の分析についていうなら、それは批評の究極的な目的ではなく、検討作業の二次的、そして時には、余計な要素を構成するものにすぎないであろう。何よりも重要なのは、ある作品やある作家の傾向のうちに、その時代の諸傾向に統合されるような側面を、そして、その作家の作品が後の発展にもたらしたものを探し求めることである。こうした考究の一つでも否定するような批評は例外なく、ばらばらで無意味な仕事しかなし得ないであろう。『両大戦間の小説家たち』はそうした愚かしい姿勢により、それを見事に証明するものとなっている。事実、ジェルメーヌ・スネイエール女史は自身の著作から歴史的な規律をわざとすべて締め出してしまっているように見える。そこでは戦間期が前時代とはいかなる繋がりも持たない一つの総体とみなされ、百人百様の傾向を有する数多くの作家たちがごちゃ混ぜに詰め込まれているのだ。ここで唯一企図されている統合の試みは、ある種の感覚賛美をベルクソン哲学と関係づけていることであり、著者によるなら、そうした感覚賛美はこの時代に支配的な特徴であるという。この点を除くと、こうした要約は極めて乱雑で混乱したものに留まっている。このような支離滅裂さはただ単に距離感の欠如や、この論考のばらばらな構成によるものではない。それは、批評に対し、その最も構築的かつ深遠な可能性を否定するような考え方から生じているのだ。

ポール・ド・マン

（1） Editions Universelles, Bruxelles, Desclée-De Brouwer, Paris.

ドイツ現代文学への手引

一九四二年三月二日『ル・ソワール』紙

現在ブリュッセルの〈パレ・デ・ボザール〉で開催されているすばらしいドイツ書籍展示会の最も重要な目的の一つは、異論の余地なく、ベルギーの大衆にドイツ現代文学の真の姿を紹介することにある。そこで問題となるのは、ドイツ現代文学といった領域がわれわれ同国人、つまりワロン人やフラマン人の多くにとっては、依然として広大な未知の大地であり続けているということである。あるいは、さらなる困惑の種は、一方的な翻訳というやり方が、ヨーロッパ文芸全体との関わりにおける意味作用を決して無視することができないような芸術作品に対し、不完全で偏ったイメージを与えてしまっているかもしれないということである。

ここ数十年のドイツ人作家たちに課せられていた歴史的な使命はとりわけ困難なものであった。彼らはある文体を見出さなければならなかった。だが、そうした文体は根深い国民的な伝統と完全に決裂することなく、しかも、ドイツ文学をまったく地方的な関心の吐露に還元してしまわないような普遍性を十分に保持していなければならなかったのだ。当時支配的な諸規範がドイツ人的な芸術気質に本来そなわる最も重要なものとあまりにもかけ離れていたため、こうした妥協点を見出すことのこの上ない困難さはますます大きなものとなったのである。

実際、現今の——少なくともここ数年までの——文学的創造の重心を位置づけようとするなら、フランスをトップ・リーダーとして名指す他ないであろう。既に二十年以上もの間ヨーロッパの散文作品を支配している心理的な新小説の様式が誕生したのは、フランスにおいてである。〈アングロ゠サクソン人たち〉はフランス的な独創に基づき、周知のような文学的発展にまで到達することができたのだ。その他の中心、例えばフランドルやオランダといった地方はこうした牽引力を強烈にこうむっている。この場ではそうした影響プロセスのメカニズムを精確に分析することはできないが、フランス文学の明白かつ傑出した所産が両大戦間の作家たちの模範やモデルとして役立ったことを強調しておけばとりあえず十分であろう。

こうしたフランスの優位性に直面したとき、ドイツ人作家たちはどのような態度を取ることができたであろうか。能のない模倣者に変じねばならなかったのだろうか、あるいは逆に、自分たちにとって異質な創作物から完全に顔を背けるのが彼らのなすべきことだったのだろうか。このような問題は、ヨーロッパのある大国の一つが判然として芸術運動の先頭に立つたびに持ち上がる。そして、その答えはいつも同じである。つまり、その他の国々は一時的な導き手にある程度までは従わなければならないが、自己固有の特質を成す価値の総体からは決して身を引き剝がすことはできないというものである。文化的な視点から見るならヨーロッパは十分に一つなのだから、ある点で感知された変容に対し別の重要な国を無関心にさせておかないためにも、その他の国々は一時のリーダーに従わなければならないのだ。ここで頻繁に利用されるのが連通管のイメージである。一つの容器で生じるあらゆる水位の変化はただちに他の容器に伝わる。文学の領域でも同じことだ。というのも、無知あるいは邪な自尊心から、ある国民が

〈西洋〉に定期的に押し寄せる芸術的な大渦からわざと承知の上で身を引き離すならば、その国民は間もなく不毛で滑稽な偏狭さのうちに落ち込むことになるからだ。一九世紀前半のオランダ文学の例は、そうした姿勢を選択したいと思う人たちにとって、重大な警告を与えるものと言えるだろう。

しかし、それは支配的な地域が確立されるやいなや、ある国がその支配的な地域で供されている方法を単純に模倣しなければならないという意味では少しもない。好ましい方途とはそれよりもはるかに精妙であり、また同時に実り多いものでもあるのだ。あらゆる芸術的な定式は西洋のすべての国民に利用されうるが、それぞれの国民はそうした定式を異なった形で、そして国民的精神の不変的特徴を示すようなやり方に応じて調整しなければならないであろう。隣人たちからその最も独創的な革新点を借り受け、そこに地域独自の個性を記しづけるという形で、この上なく見事な作品がしばしば完成されてきた。これについてはたくさんの例を挙げることができよう。われわれの近くで出現した二つの表現例だけに限っていうならば、ドイツ・ロマン主義からその力強さを汲み上げたフランス象徴主義、そして、フランスの介入に押されて驚くべき発展を示した第一次世界大戦後のイギリス小説を挙げることができるだろう。

以上のような次第で、ドイツの小説家たちは著しいジレンマに直面していた。ある者たちは断固として芸術的な国民性を放棄することを選んだが、そうした選択がもたらした結果は惨憺たるものであった。逆に、他の者たちは自らの芸術の伝統的な長所に根強い愛着を示し、心理分析の有する冷ややかな合理主義と、ゲルマン精神を特徴づけるより情熱的な心性との困難な統合化を追求しようとした。カロッサ、コルベンハイアー、ヴィーヒェルト、アルヴェルデス、その他数多くの作家たちにおいては、虚心坦懐な客観的観察と、時として哲学的・倫理的関心に依拠したより深い情動が折り合わされている。フランス現代文学とライン河対岸の現代文学との明らかな違いの一つは次の点にある。前者の場合、人間ドラマは人の心を夢中にさせはするが、あくまでも抽象的なものとしてしか吟味されない。一方、後者の場合には、登場人物の運命へのより強烈な心情移入が認められるのである。作品の根底には善と悪との闘い、あるいは内省的な思考の試みが存在する。今後、小説家はもはや自ら創造した人間たちの運命に無関心ではいられなくなる。彼らの闘いは作家自身にとっても重要な理由のために開始され、彼らの内省は作家の追究する真実を探し求めるものとなるからである。こうした精神的な不変の特徴を維持することで、とりわけモラリスト的な国民の一員であるドイツ人作家たちは初源的な祖先との接触を保ち、愛国的忠誠心の好ましき手本を示したのである。

こうした極めて良識ある態度も、まだ真の傑作を生み出すまでには至っていないが、われわれは既に進化の真っただ中にあり、間もなくその真の規範を最終的に決定してくれると思われる作品を目にしている。要は、拠り所とされる審美的原理が健全かつ生産的であるということである。もしそうであるなら、そのときには希有な才能の持ち主がそうした原理とたやすく連繋し、そこから重大な価値を有する作品を生み出すことが可能になるだろう。後になれば、現在仕事をしているドイツ人作家たちの偉大な資質は、来る数世代の人々の偉業の基となる根本的連続性を維持した点にあったことが確認されるであろう。

それでもやはり、フランス人読者の厳正な視点に立つなら、ドイツ文芸の精神と他のヨーロッパ文学の精神との間にはいかなる根本的不適合性も存在しないという事実を主張することしかできないであろう。特別に国民的なある要素がその国民の作品を深く感化していることが明らかにされたからといって、それが他の文化に属する人たちに対する距離や障害になるなどということを示唆したつもりは毛頭ない。話はまったく逆である。そうした良識的な独自性には人を惹きつける何かがあり、それがヨーロッパ全体に拡散的に拡がっている傾向をより強く結集させるのである。真の名に値する芸術的ナショナリズムとは決して精神の卑小さや偏狭さを意味するものではない。国民的であること明白この上ない時代が、浅薄な観察者にのみ逆説的と映る行動によって、最高度に人の心をとらえる普遍性に達した例は幾つもあるのだ。こうしたナショナリズムの影響が有害となったり、死を招来するものにさえなったりするのは、それがひたすら政治的な目的に従う専横的な責務へと変じる時でしかない。ドイツの人々はそのことを完全に弁えている。このような主題について帝国指導者バルドゥーア・フォン・シラッハが発した言葉を引用しておこう。それは完璧な洞察力をもってこうした問題の位置づけを行なったものである。「ドイツを導いている政治運動は決して党派の目的に役立つような押しつけ的芸術創造をその綱領に組み入れたことはない。そんなことをすれば、その運動が主張している理念そのものに背くことになるであろう。真の芸術作品はそれ自体に価値があり、それぞれが国民的な使命を帯びているのだ。それは、それを生み出した国民の活力を証明している。いわばそれこそが国民の傾向といったものであろう。一幅の現代絵画に備わる国民的な価値は、そこに描かれているナチス突撃隊員(S.A.)の数で測られるものではない。また、われわれの運動路線に従う国民的な詩情は、形式や感動の欠如を大げさな言葉で埋め合わせるような、例の画一化された騒々しい抒情趣味などではない。ゲーテをフリーメーソン会員とみなしたり、〔モーツァルトの〕『魔笛』をフリーメーソン的オペラと称する者は、われわれの国民からはまともに扱われないであろう。国民の偉大な芸術は、国民的な伝統を護りぬくことを望んでいる。……偉大な作品の各々は、それ自体のうちにその存在理由を有しているのだ。それは常に独立した個性の表現であると同時に、国民全体の表現でもある。だが、国家＝国民とは現今間近にしているものだけではなく、趣向の変遷や思考の変化を超えて維持される言葉と血の永続的な共同体でもあるのだ。ある特定の時代だけに見合うような芸術が一つとして存在しないのはまさにそうした理由によるのである」。

ドイツ文学がその数々の目標を実現し、将来の偉大な前途を準備することができたのは、以上のような賢明な教えに忠実に身を処してきたからなのである。

ポール・ド・マン

第二章　ポール・ド・マンと二人のコラボラトゥール

はじめに

　第二次世界大戦時、弱冠二一歳の青年が物した新聞記事が、それより四〇年余り後（一九八七年八月）——つまり、執筆者の死後——、欧米の言論界・思想界において激烈な非難に晒されることになろうとは、その青年自身も含め、いったい誰に予測できたであろうか。

　ナチスの言論統制下に置かれたベルギー最大手の栄えある日刊紙『ル・ソワール』に、後に問題とされる特集コラム記事「現代文学におけるユダヤ人」[1]（一九四一年三月四日掲載）を寄稿したのは、その後アメリカに渡り、「イェール学派」の首領的存在となるポール・ド・マンその人である。ド・マンに対する非難は親ナチ的とみなされた心情傾向および、反ユダヤ的と目された論調——とりわけ、ユダヤ人隔離政策に纏わる問題提起——に向けられた。「ド・マン事件」の通称で知られるこの論争ではド・マンの倫理的評価をめぐって賛否両論が飛び交い、事態は一時泥沼の様相を呈するに至った。この議論の成果はほどなくして一冊の論文集『応答——ド・マンの戦時ジャーナリズムについて』として結実する。[2]そこには、J・ヒリス・ミラー、ザームエル・ヴェーバー、ジャック・デリダなどによる擁護的な論考に交じり、敵対派の論客たち（ジェフリー・メールマンなど）による痛烈な――半ば喧嘩腰とも受け取られる――批判・非難が展開されている。ハイデガーのナチ問題や、つい最近話題になったギュンター・グラス騒動のように、「ド・マン事件」に関する白熱した論争は今日では下火になってはいるが、それでもなお、この出来事は依然として、ド・マンの評価を左右する強力な指標であり続けている。

「現代文学におけるユダヤ人」が孕む倫理的な問題および、ド・マンを親ナチ的と酷評する立場については既に一つの応答・解釈・反論を提示する機会があった(3)。そこで、本章ではそれとは幾分異なる視点から、この文学理論家がほぼ同時期に執筆した記事を二点ほど取り上げ、簡明な考察を加えてみたいと思う。これらの記事は、「ド・マン事件」の震源となった「現代文学におけるユダヤ人」とある意味で密接な繋がりがあるにもかかわらず、先の論争においてあまり詳しく言及されることはなかった。しかし、事の真偽はともかく、この論争が「ナチ問題」と深く関わるものであることを考慮するなら、これらの記事を読むことにはそれ相応の意義・意味があることになるだろう。ここで話題にしたいと思うのは、ド・マンが一九四一年に『ル・ソワール』紙に掲載した、二人のフランス人作家――ロベール・ブラジヤック（Robert Brasillach）およびピエール・ドリュ・ラ・ロシェル（Pierre Drieu la Rochelle）――の著作を論評した記事のことである。

コラボラトゥール

ド・マン自身が意識していたかどうかは疑わしいが、彼はこの時期、その後「コラボラトゥール」(collaborateurs、通称「コラボ」)と呼ばれることになるフランス人作家たちについて幾つかの記事を書いている。「コラボ」とはドイツ占領期(一九四〇—四四年)、ナチス・ドイツに対して協力的な言動をなした一連の作家たちのことであり、その代表的な存在とされるのがブラジヤックとドリュ・ラ・ロシェルの二人である。「コラボ」の厳密な定義をめぐっては議論の分かれる点もあろうが、ここでは福田和也が『奇妙な廃墟』(4)のなかで依拠している区分けに従うことにしよう。それによるなら、「対独敗戦と占領政策のいきがかりによってヴィシー政権およびドイツ軍に手をかした、もしくは公務についた文学者」(ポール・モーラン等)、「占領下で発行されていた雑誌に寄稿あるいは協力した作家」(ジャック・シャルドンヌ、マルセル・ジュアンドー、アンリ・ド・モンテルラン、ジャン・ジオノ、アンドレ・サルモン等)、「検閲や用紙わりあての基準に迎合あるいは妥協した作家」(こうした条件に相当する作家たちは枚挙に暇がないと言えるだろう)は「コラボ」の範疇には含まれないことになる。(5)ド・マンはここに名を連ねる二人、シャルドンヌとド・モンテルランについてもそれぞれ同種の記事を寄稿しているが、(6)この基準に従い、これらの作家たちはひとまず考察の対象から外すことにしよう。ちなみに、ド・マンはフランス人でないにもかかわらず、論争の際、敵対派の論客たちから冷酷な「コラボ」として扱われ、非難された。だが、「コラボ」の条件を免れる先の三つの条件をすべて満たしているという事実から考えても、ド・マンを「コラボ」と呼ぶことの不条理さ、不適切さが明らかになるであろう。

ド・マンが「コラボ」の代表格とされる二人の作家、ブラジヤックとドリュ・ラ・ロシェルについての記事を『ル・ソワール』紙に寄稿したのは、「現代文学におけるユダヤ人」を執筆したのと同年のことである（ブラジャックに関する記事が一九四一年八月一二日、ドリュ・ラ・ロシェルに関する記事が同年一二月九日）。このことは、当然のことながら、後のド・マンの敵対者たちに格好の批判材料を提供することになるであろう。「現代文学におけるユダヤ人」という曰くありげな記事を寄稿した人物が、それから一年も経たないうちに「コラボ」作家についての文章を堂々と発表しているという事実は、やはり見過ごしにできないからである。さらにいうなら、たまたま「コラボ」の条件を免れたシャルドンヌやド・モンテルランを取り扱う記事も、ともに同時期に発表されている。つまり、この時期のド・マンは「現代文学におけるユダヤ人」を執筆後、ブラジヤック、シャルドンヌ、ド・モンテルラン、ドリュ・ラ・ロシェルの四人について立て続けに文章を寄せているのである(7)。歴史の偶然とはいえ、このような符合は後の論争において、執筆者であるド・マンを益々不利な状況に追い遣ることになるだろう。

だが、こうした一連の記事を書いた頃のド・マンに「コラボ」に対する明確な観念や思い入れがあったとはとうてい思えない。若き日のド・マンにとっては、シャルル・ペギーもブラジヤックも彼の「文芸コラム」に話題を提供する一文学者にすぎなかったと想像されるからである。また、ド・マンにせよ、「コラボ」作家たちにせよ、当時のユダヤ人迫害の風潮が後の「ホロコースト」に繋がることを正確に見抜いていたとは考えられない。歴史的大惨事が生じると、問題はしばしば別の文脈に引き渡され、事後的な視点から解釈・議論が繰り広げられる。「ド・マン論争」の場合にもそうした雰囲気が纏いついている――ナチ協力者、ホロコースト推奨者、ファシスト、……等々としてのポール・ド・マン。

ともあれ、若きジャーナリスト、ド・マンが、後に「コラボ」として断罪されることになる二人のフランス人作家について渾身の記事を書いたのは紛れもない事実である。したがって、ド・マンを擁護するにせよ、非難するにせよ、それらの記事がいかなる内容・性質のものであったのかを確認しておくことは欠かせない作業であり、それなりに重要な意味・意義を有することになろう。

ロベール・ブラジヤック『われらの戦前』

対独協力の論陣を張った『ジュ・スイ・パルトゥ』誌の編集長として活躍し、一九四五年二月六日、銃殺刑に処せられたロベール・ブラジヤック(一九〇九―四五年)は「コラボ」作家たちのなかでも最も「コラボ」的な人物と目される存在である。いわばフランス現代史の国民的汚辱を体現する人物であり、今でも依然として最悪の売国者・裏切り者・重大戦犯とみなされ続けている。一部の研究者や読者を除けば、フランス人たちの内には現在でもなお彼について明言することを憚る傾向がある。また、辞典、文学史などにおいても、彼に関する叙述・説明は極めて限定的であり、極端な場合には完全に抹殺されてしまっている(8)。

ド・マンの記事「ロベール・ブラジヤック『われらの戦前』(9)」は、一九四一年八月一二日、『ル・ソワール』紙の文芸欄(NOTRE CHRONIQUE LITTERAIRE)に掲載された。ブラジヤックは前年の六月にドイツ軍捕虜となり、九月、ウェストファリアの収容所に移送された後、翌年四月一日に釈放されている。パリに戻ったブラジヤックは対独協力の立場を鮮明に打ち出し、『ジュ・スイ・パルトゥ』誌の編集長の座を引き継ぐ。したがって、結果的に見るなら、ド・マンの書評記事は明らかに親ナチ的であった作家の作品を題材として選んだことになる。書評というジャンルには、ある作品に対する前向きな評価を伝えるという側面がある以上、ド・マンの選択にはこの対独協力の立場を取る作家にエールを送ったと受け取られかねない危険性が潜んでいる。では、ド・マンはこの稀代の「コラボ」作家の著作を実際にはどう評価していたのであろうか。記事の内容から確認してみることにしよう。

『われらの戦前』は自伝的年代記といった趣の作品であり、一九三九年九月から一九四〇年五月にかけて執筆されたと考えられている。一九四〇年五月といえば、ドイツとの内通の疑いでファシスト系文化人たちが続々と逮捕されていた時期である。そして実際、ブラジヤックも『ジュ・スイ・パルトゥ』誌の一員として家宅捜索を受け、身柄を拘束されていたのである。ブラジヤックの嫌疑は間もなく晴らされることになるが、この事件を境に、彼の人生は大きな変容を遂げることになる。その行き着く先が四五年二月の銃殺刑であったことは改めて確認するまでもないだろう。つまり、執筆の時期から考えて、『われらの戦前』には、その後の彼を待ち受けていた激動的な出来事が記される可能性はまったくなかったことになる。言い方を換えるなら、この自伝的年代記には「コラボ」作家ブラジヤックの特質を窺わせる要素はほとんどなかったことになるだろう。ド・マンはこの時期に書かれた同種の作品として、ベルトラン・ド・ジュヴネルの『敗北の後で(*Après la défaite*)』を挙げているが、この作品には「大戦間に犯され、フランスを現在の悲惨な運命に導いた数々の過ち」が列挙されている。ちなみに、ドリュ・ラ・ロシェルの永年の親友であるド・ジュヴネルはナチズムの信奉者として知られたジャーナリスト・政治家であった。ド・マンの対比的な図式によるなら、ド・ジュヴネルの『敗北の後で』が歴史的な説明を目的とする客観的かつ厳密な書物であるのに対し、ブラジヤックの『われらの戦前』は「思い出の集積物」であり、そこには「一般的な考察、個人的なアヴァンチュール、有名人たちの肖像などが一緒くたに」詰め込まれている。この自叙伝風な作品には日々の生活を謳歌する作者の心情が綴られており、祖国の失敗をあげつらうといった深刻で反抗的な調子はほとんど感じ取ることができない。ド・マンがこの作品を高く評価する最大の理由はその点にある。つまり、『われらの戦前』には、ド・ジュヴネルの『敗北の後で』や、この後触れるドリュ・ラ・ロシェルの作品に見られるような頑なな評価図式が存在しないのである。ド・マンが言うように、ブラジヤックのこうした柔軟性——雑多性、あるいは多様性と言い換えてよいかもしれない——は、当時の彼が「輝かしい日々を生きた」と強く感じていたことから生まれるものであったろう。しかし、ブラジヤックら当時の若者たちが、やがてフランスを悲惨な結果に導くことになる戦争の渦中にあったこともまた疑いのない事実なのである(「この時期の彼には何一つ遺憾に思う(regretter)ことはなかった。だが、この時期は彼の国にとって惨憺たる結末を招来することになる」)。ド・マンがここで用いている動詞《regretter》には「悔やむ・遺憾に思う」という意味に加え、「惜しむ・懐かしむ」という意味がある。つまりブラジヤックの思い出には、「悔やむ」ものもなければ「惜しむ」ものもないという、アンビヴアレントな性質が付与されているのだ。ド・マンはこうしたアンビヴァレントな状況をいみじくも「パラドックス」と名付けている。『われらの戦前』は光り輝く青春の回想記であると同時に、そうした美しい思い出との決別を暗示する予告あるいは警告の書でもあるのだ。では、この「パラドックス」なるものはいったいどうして生じることになったのであろうか。

政治と芸術の狭間に

ド・マンの見解に従うなら、芸術や文化というものは政治・経済とは本来的に別のものであり、両者はきっちりと区別されなければならない。ブラジヤックが『われらの戦前』に書き記した時期(とりわけ、一九二八―三五年)について、ド・マンは次のように述べている。「政治的な企ての支離滅裂さや組織的な腐敗(…)は益々混迷の度を深めていった。一方、芸術・文学的生活は以前の時期と完全に協調しながら発展を維持し、頽廃というよりもむしろ豊穣さをもたらしたのである[10]」。半ば異常とも言える繁栄の時期が過ぎ去り[11]、フランス社会が経済的な危機に直面したとき、それにとって替わったのは「より純粋な雰囲気」、つまりは芸術・文学的な活動の季節であった、とド・マンは述べている。こうした言い方には、社会・経済的な生の舞台は芸術・文学的なそれとは一八〇度異なった位相にあるという主張が明確に表れている。政治・経済と芸術を対立的に捉えることの正否はとりあえず措くとしても、この文章を書きながらド・マンが念頭に置いていたのはブラジヤックらフランスの文学青年たちばかりでなく、自分自身の姿でもあったことは想像に難くないだろう。

ブラジヤックという若き文学者――ド・マンの表現を借りるなら、「概して非常に感じがよく、エゴイスティックなものも憎むべきものも何一つ持ち合わせていない人物」――の不幸は、それまで懸命に距離を確保してきた社会・経済・政治的な諸問題に巻き込まれ、それらに対し何らかの判断を迫られたことにあったと言えるだろう。エコール・ノルマル・シュペリウールでの自由で知的な学生生活を呼び覚まし、芸術家ジョルジュ・ピトエフ（一八八四―一九三九年、コメディアン）らの才能を讃えるブラジヤックの筆致には詩情と瑞々しさが満ち溢れている。しかし、数々の政治的な激変（「人民戦線」の失敗、スペイン戦争、そしてドイツにおける国家社会主義の勝利）について言及するに至った瞬間、ブラジヤックの歩みは本来の道を外れ、まったく不如意な領域に彷徨い出すことになる。ド・マンの言葉を再度借りるなら、「彼ら〔＝ブラジヤックたち〕の活動圏は〔政治問題とは〕別のところ、つまり、あのフランス的な芸術生活の内にあった」はずである。しかし、ブラジヤックは心ならずもその最後の閾を越えてしまう。ブラジヤックの「パラドックス」の元はすべてそこにある。だが、そうしたパラドックスを招来してしまったのは彼の心性というより、むしろ一九三五年以来逼迫していた社会・政治情勢であったと言えるだろう。芸術・文学活動の内に身を置き続け、可能な限り非-政治的な立場を保持すること。それはブラジヤックら、当時の才気溢れる文学者たちに強く望まれていたこと――あるいは、ド・マンが切に望んでいたこと――かもしれない。しかし、戦争をはじめとする社会的な激変はそれを許さなかった。「彼らの心性はまったく異なる道へと突き進む」ことを余儀なくされていた。それはいわば「避けがたい必然」だったのである。

「ナチ（ス）」への言及

ブラジヤックは後世「コラボ」の代表的作家とみなされた人物であるが、このブラジヤックに関する記事を書いたとき、はたしてド・マンはこの作家をどう見ていたのであろうか。

この記事には「ナチ（ス）」に言及している部分が二箇所ある。既に触れたように、一つは「ドイツにおける国家社会主義の勝利」であり、当時の政治的激変の一例として挙げられている。この「国家社会主義（ドイツ労働者党）」、すなわち「ナチス」の台頭については、あくまで社会的事件の一例として引き合いに出されているにすぎず、そこにはブラジヤックとの関係も、ド・マンの立場も何一つ示されてはいない。したがって、この時期のド・マンにはブラジヤックを対独協力作家（「コラボ」）という視点から考察しようとする意図はまったく感じられない。彼の狙いは、政治と芸術との間で激しく引き裂かれる若者たちの姿とその戸惑いをブラジヤックという一人の青年作家の内に見届けるということに尽きている。つまり、ド・マンは「ナチス」の台頭を含めた数々の政治事件に正否の判定を下すのではなく、むしろ、そうした事件にフランスの作家たちが関わることの必然性と不毛性――パラドックス――を問題にしようとしているのだ。作家は政治的出来事に対し、断固とした距離を築くべきである。それは作家本来の領分ではないからだ。しかし、当時の緊迫した社会状況は、彼らが政治的諸問題に対して無関心であることを許さなかった。不確かで計り知れない戦争の空気は、それほど重く、ブラジヤックらフランスの若者たちの心を領していたのである。

「ナチ（ス）」に言及する二番目の一節は、政治に対するブラジヤックの戸惑いを確認する上で極めて示唆的である。彼は「ナチス党（parti nazi）」のニュルンベルク会議の光景を目撃した際、この示威運動の醸し出す「奇妙な（étrange）」雰囲気に興奮ならぬ、激しい恐怖を呼び覚まされてしまう。ド・マンの表現に従うなら、そのときのブラジヤックの反応は、「人々の生活において政治的なものが突然重要なものとなるような事態を説明不可能な現象と感じる人の反応」ということになるだろう。その後のブラジヤックが「ナチ（ス）」に対していかなる態度を示すことになるかは別問題としても、少なくとも、この時期の彼にとって「ナチズム」の旋風は説明の及ばない不可解なものであり、容易く感応・観応できる出来事ではなかったに違いない。しかし、やがてヨーロッパを席巻することになるファシズムの動きは、文学者たちの共和国にも押し寄せ、その「純粋率直な仲間関係」のなかに不穏な空気を吹き込むことになるだろう。

＊

以上のような事情から窺い知れるように、ド・マンが『われらの戦前』を取り上げ、それを評価したという事実からは、後に対独協力者へと変じることになるブラジヤックの思想に加担し、それを積極的に擁護するといった意図は微塵も感じ取ることができない。ド・マンにとって、「ナチス」台頭などの政治的事件は、文学者たちを彼ら本来の使命から遠ざけ、文学共和国の旧き良き伝統を疲弊させるマイナス要因としか思えなかったからだ。そうしたド・マンの真意は、この記事の最後から二番目の一文――マラルメなら「ラ・ペニュルティエーム（la pénultième）」と言うだろう――に明確に表現されている。「私の想像によるなら、『われらの戦前』は依然として、教養あるフランス人に対し、失われた楽園を呼び覚ましているのである」。

ピエール・ドリュ・ラ・ロシェル『今世紀を理解するための覚書』

『ゆらめく炎』(一九三一年)、『ジル』(一九三九年)などの作品で知られ、ブラジヤックと並び称される「コラボ」作家、ピエール・ドリュ・ラ・ロシェル(一八九三―一九四五年)は、一九四四年八月に二度の自殺を試みるが、いずれも未遂に終わる。一度目は睡眠薬の多量摂取、二度目は動脈切断によるものとされている。四四年八月といえば、ナチス・ドイツの敗北が決定的となり、ド・ゴールによる臨時政府が打ち立てられようとしていた時期である。八月二五日、パリが「ナチス」の手から解放されると、対独協力者の逮捕や私刑が相次ぐようになる。自殺未遂がパリ解放の二週間ほど前だったことから考えると、ドリュもまた、「コラボ」断罪の恐怖に脅かされる毎日を過ごしていたに違いない。翌年五月、ナチス・ドイツが降伏したとき、ブラジヤックは既にこの世にいなかった(二月六日、銃殺刑)。そしてドリュもまた、この世に長く踏み止まることはできなかった。ブラジヤックの処刑から四〇日ほど後(三月一六日)、ドリュはパリの自宅でガス自殺を図り、そのまま帰らぬ人となったのである。

ド・マンの記事「ドリュ・ラ・ロシェル『今世紀を理解するための覚書』[12]」(以後『覚書』と略記)は、一九四一年一二月九日、『ル・ソワール』紙の文芸欄(Chronique littéraire)に掲載された。ドリュは同年九月、『ジュ・スイ・パルトゥ』誌の編集長に返り咲いていたブラジヤックらとともにドイツを親善訪問しているので、そのことがド・マンにこの記事を書かせるきっかけを与えたのではないかとも推測されるが、真相は詳らかではない。

書評的・形式的な賛辞をお座なりのように付け加えてはいるが、ド・マンはドリュの『覚書』に対し、概して辛口な評価を提示している。その論点の幾つかを順を追って確認していくことにしよう。

反-合理主義的テーゼ、あるいはスポーツ的な力

ド・マンの見解に従うなら、ドリュの著作において重要な役割を担うのは「反-合理主義的テーゼ（la thèse antirationaliste）」であり、それは『覚書』にも明確に表明されている。「反-合理主義的テーゼ」とは肉体に対する精神の優位性を否定し、精神的な諸価値と肉体的な諸価値との統合を推奨しようとする立場を示すものである。そして、このテーゼによるなら、両者の統合こそが人間的なバランスや偉大さを保証する唯一の途だということになる。

精神的な活動と肉体的な活動を二元的・対立的に分け隔てようとするとき、人間は衰え、崩れ始めることになるが、そうした衰退傾向はここ数年でようやく終わりを迎えようとしている、とドリュは主張する。その根拠はいったいどこにあるのだろうか。ドリュはそれを当時の政治的な風潮、とりわけ「ファシスト的イデオロギー（idéologies facistes）」の内に確認される「スポーツ的な力（vertus sportives）」に見出している。ドリュの信念によるなら、スポーツ的な力だけが肉体と精神の融合——人間の調和的一体化——を可能にするほとんど唯一のものということになる。ここで複数形によって

言及されている「ファシスト的イデオロギー」の最たるものが「ナチズム」であることは言うまでもないだろう。ヒトラーが「ナチス」総統に就任した二年後の一九三六年、ベルリンで開催されたオリンピックは、「ナチス」による国威発揚のための祭典であるとともに、まさにスポーツの一大イヴェントだったのである。(13)

「スポーツ的な力」に対する信奉は、「人間のなかに潜む動物的な力」、「初源的な性質」を駆り立てることを意味するが、それはこの時期、非常に重要な意味合いを有することになる「理知的な性格(cérébralité)」という概念に対するアンチ・テーゼとして提起されている。ド・マンによる明確な説明はないが、「理知的な性格」ないしは、それと同語源の「知的優先主義・主知主義(cérébralisme)」という言葉は当時の知性主義全般を指し示すと同時に、実はユダヤ人の悪しき象徴として機能していたのである。(14)かくして、ドリュの称揚する「スポーツ的な力」は反ユダヤという共通の理念を介して「ファシスト的イデオロギー」と結びつくことになる。ドリュのような「コラボ」作家にとって、ユダヤ人たちの本分とみなされた「主知主義」は人間の初源的能力を失わせ、人類を衰弱へと押しやる元凶にすぎなかったわけである。

規範的時代としての「中世」

人間のなかに潜む初源的な力——動物的な力——の存在を讃えようとするドリュは、そうした力の理想的発現を「中世」という時代に見ようとしている。ユダヤ的な知性主義・合理主義を排し、反

-合理主義の立場を評価しようとするドリュならではの歴史観と言えなくもない。だが、「中世」に特権的な位置を割り当てるという論法はあまりに頑なであり、また安易でもある。思えば、「理知的な性格」を批判した際、ドリュの念頭にあったのは「全面的な自動化(automatisation intégrale)」に抗するということであった。にもかかわらず、「中世」を特権視するときのドリュは、まさに「全面的な自動化」に身を委ねてしまっているのである。その点について、ド・マンは次のようにコメントしている。「完全に概念を固定化し、特定の歴史的時代を模範・規範として提示しようとすることはあまり有効ではない。」

　人間の自然的、肉体的な力を称揚しようとするあまり、「中世」という一時代を特権視しようとするドリュの姿勢には、様々な難点が指摘しうるだろう。「中世」とはそもそも初源的自然性の時代などではない。見方を変えるなら、「中世」とはむしろキリスト教的世界観に領された「精神」の時代である、という言い方も十分可能なのである。ド・マンの言うように、「中世のような概念は非常に複合的なものなので、各人の望むほとんどすべてのものがそこに見出されてしまう」のだ。つまり、ドリュのように「中世」という時代を「到達すべき理想」とみなすことは極めて安直であり、どう贔屓目に解釈したところでアナクロニズムの誹《そし》りを免れることはできないであろう。ドリュの「中世」賛美にはほとんど論理的な裏付けはなく、その背後には「合理主義」対「反-合理主義」という強硬なイデオロギー――「全面的な自動化」――が作用しているのである。

歴史、社会・経済、哲学、そして文学

「自然の力」、「動物的な力」を讃えるドリュの「反-合理主義」は「知」の象徴ともいうべき「哲学」を批判のターゲットに据えることになる。彼の主張によるなら、過去六世紀の歴史――および文学史――は「破局(catastrophes)」の連続であり、その原因は哲学的な過ちにあるというのである。哲学的な過ちとは、哲学が反-合理的な要素を抑圧し、合理性追究にのみ加担してきたという意味であろう。しかし、こうした言い方もまた「中世」に関する議論同様、過度に図式的であり、恣意的である。ド・マンはその点に対し、「合理主義は哲学の進展上、必要不可欠な段階を成すものであり、それなくして哲学的な発展は決してあり得なかったであろう」と述べている。では、ド・マンはドリュの言う「肉体感覚」の喪失をどう捉え、どこにその原因を探ろうとしているのであろうか。

歴史を哲学的思想の忠実な反映(image)とみなすことはできないと述べながら、ド・マンは歴史の流れを決定づける主要な要素を「社会的(sociaux)」ないしは「社会学的(sociologiques)」な現象の内に読み取っている。そして、注目すべきことに、「大衆の行動やグループ間の関係が最も重要な役割を果たす」と主張しているのである。

では、ド・マンは「文学」というものをいったいどこに定位させようとしているのであろうか。彼の議論に従うなら、「文学」はひとえに「芸術」という観点から考察されるべきであり、そこに「倫理的進化(évolution éthique)」のようなものを読み取ろうとしてはならない。つまり、「文学」――あ

るいは「文学史」——の内に「倫理的進化」のようなものを読み取ることを「哲学」的視点の導入と解するならば、ド・マンは「文学」と「哲学」を別次元のものとみなしていることになるだろう。事実、ドリュの方法論を批判するド・マンの言明にはそのことが明確に示唆されている。「ロマン主義、象徴主義、自然主義のような文学的な諸概念を、神秘主義やキリスト教のような精神・道徳的な諸概念と比較するなら、必ず過ちに晒されることになるだろう。本質的に異質な諸概念を同一レヴェルで取り扱おうしているからである。だが、自らの主張を擁護するために文学を利用しようとするとき、ドリュ・ラ・ロシェルがしているのはまさにそうしたことなのである。」

文学史をも含めた「歴史」の破局をひたすら「哲学」的な過ち——精神的なものの偏重——として語ろうとするドリュ。「歴史」的激動の主動因を「社会・経済」的なものとみなすとともに、「哲学」的なものと「文学」的なものとの峻別を図ろうとするド・マン。ここには、「歴史」、「社会・経済」、「哲学」、そして「文学」の四項をめぐる錯綜した対立関係を見て取ることができる。ドリュの場合、「歴史」の腐敗的進行はすべて思弁的な「哲学」のせいとされ、それを食い止める策として肉体的なもの、反‐合理的なものが要請されている。それに対し、ド・マンはあくまでも「社会(学)・経済」的なファクターを「歴史」の流れを左右する主動因として捉え、「哲学」にかけられた嫌疑を晴らそうとする。だが、ド・マンは思弁的・抽象的な「哲学」の存在を手放しで評価しているわけではない。先にブラジヤックの場合について見たように、「文学」はあくまでも「芸術・文化」という場に位置づけられねばならず、文学者たちは彼ら本来の領域に留まるべきである、というのがド・マンの一貫した考え方なのだ。(15) つまり、「文学」的な現象は合理/反‐合理といった「哲学」的な二項対立図式の外部にあるものとして思考されなければならないということである。極論を覚悟の上で言うなら、「文学」は「哲学」だけではなく、「歴史」や「社会・経済」とも異質な領域を形成するものであり、文学者たちはその異質な領域に活動の舞台を限定せねばならないことになる。ドリュの言う「破局」がもし生起してしまったとするなら、それはまさにブラジヤックやドリュのような作家たちが彼らの本分を離れ、「歴史」の舞台にのめり込みすぎてしまったからかもしれない。ド・マンが「歴史」の破局というドリュ的な問題に触れるとき、とりわけ「文学史」の破局を強調するのはおそらくそのためであろう。[16] そこには「文学」不在の状況に対する苛立ちと同時に、ドリュ本人に向けた皮肉が込められているように思えてならない。

*

ド・マンの作家ドリュに対する姿勢についてはこの記事からすべて明らかにすることはできないが、少なくとも『覚書』に関する限り、彼の評価にはかなり手厳しいものがあると言わざるをえないだろう。無論、書評というジャンルの掟に倣い、結びのパラグラフには賛辞めいた表現が散りばめられている。なかでも注目すべきは「活力(vitalité)」という言葉であろう。つまり、ドリュのこの作品には「否定しがたい活力の徴」が刻まれているというのである。だが、この「活力」という言葉が当時いかなるコノテーションを有するものであったかについても多少注意を払う必要があるだろう。例えば、「現代文学におけるユダヤ人」と同じ特集コラム欄に併載されたジョルジュ・マルリエの記事「ユダヤ的絵画とその影響[17]」においては、この「活力」という言葉がユダヤ的なもののアンチ・テーゼを成すものとして提示されているのである。[18] つまり、ユダヤ民族たちは「活力」を否定する存在として位置づけられているのだ。ド・マンが「活力」という言葉でドリュの作品を規定したとき、反ユダヤ主義について明確に意識していたかどうかは定かでない。しかし、「ファシスト的イデオロギー」に「スポーツ的な力」の顕現を見るドリュの姿勢に、同種の「活力」を嘆ぎつけていたという可能性は十分にありうるかもしれない。

おわりに

死から四年後、四六年前に執筆した新聞記事がもとで「親ナチ」呼ばわりされることになったポール・ド・マンは、まさにその記事が書かれたのと同じ頃、二人のフランス人「コラボ」作家に関する文章を同新聞に寄せていた。こうした時期的な一致には必然的な理由が認められるのであろうか。ド・マンとこれら二人の「コラボ」作家たちの間には何らかの思想的共感性のようなものが存在したのであろうか。彼は彼らの親ナチ的な立場を擁護するためにこれらの記事を書いたのであろうか。記事が「ナチ(ス)」統制下の新聞に掲載されたという事実、さらには「書評」という執筆形態の性質を考えるなら、その可能性をきっぱりと否定することは不可能と思われるかもしれない。しかし、本章において確認してきたように、これらの記事には二人の作家たちを「コラボ」として位置づけ、彼らの姿勢やイデオロギーを積極的に賛美するといった意図は露ほども感じ取ることはできない。そこから伝わってくるのは新刊書の内容を首尾よく紹介し、一家言を呈するという、若き文芸批評家の熱意であるにすぎないのだ。「ナチ(ス)」、「ファシスト的イデオロギー」といった表現が確かに使用されてはいる。だが、そうした表現はむしろ否定的なコンテクストのなかで機能していると言えるだろう。換言するなら、「ナチ(ス)」や「ファシスト的イデオロギー」に対するド・マンの態度は中立的ないしは消極的な性格を維持しており、肯定的・積極的であるとはみなし得ないのである。

ド・マンはブラジヤックの瑞々しい感性を評価し、『われらの戦前』を概ね好意的に受け止めている。一方、ドリュの『覚書』については、むしろそこに散見される短絡的で的外れな論理を手厳しく批判している。だが、いずれにせよ、そうした判断を下したとき、彼には相手が「コラボ」作家であるという意識はほとんどなかったであろう。彼がこれらの記事を執筆した一九四一年の時点において は、二人が「コラボ」作家という範疇に括られ、四年後には揃って壮絶な死を迎えるという結末を予想することは不可能だったに違いないからである。したがって、後にド・マンを断罪することになる人たちにとってはまさに誂え向きの資料と言えようが、「現代文学におけるユダヤ人」とほぼ同時期に書かれたこれら二つの記事と「ナチズム」との間には何ら必然的な関係は存在しない。運命の悪戯と言うべきか、ベルギーの若きジャーナリストと二人のフランス人「コラボ」作家は、たまたま同時代に居合わせたという、おそらくただそれだけの理由で出会うことになってしまったのである。

【註】

(1) Paul de Man,《Les Juifs dans la Littérature actuelle》——邦訳〈拙訳〉としては、マーティン・マックィラン『ポール・ド・マンの思想』(新曜社、二〇〇二年、二三七—二四一頁)および、この訳文に幾つかの修正を施したもの(『思想』、二〇〇六年第一二月号、岩波書店、九六―九八頁・本書【コラム】①を参照）がある。

（2）Werner Hamacher, Neil Hertz, and Thomas Keenan, eds., *Responses: On de Man's Wartime Journalism*, University of Nebraska Press, 1989.

（3）「「卑俗な」という危うげな一語に託して――ポール・ド・マンの選択」本書第一章。

（4）福田和也『奇妙な廃墟』、筑摩書房（「ちくま学芸文庫」）、二〇〇二年。

（5）同書、一六頁、四八頁。

（6）ド・マンはこの二人の作家たちについて、それぞれ以下の記事を書いている。《VOIR LA FIGURE, de Jacques Chardonne》(*Le Soir*, 28 Octobre 1941)、《Le Solstice de juin, par Henri de Montherlant》(*Le Soir*, 11 Novembre 1941)。ちなみに、アンリの正しい綴りはHenryである。

（7）ブラジヤック、シャルドンヌ、ド・モンテルラン、ドリュ・ラ・ロシェルの名前は一九四二年一月二〇日の記事（《La littérature française devant les événements》にも登場するが、そこには「コラボ」ないし「コラボ」に近しいとされるベルトラン・ド・ジュヴネル、アルフレッド・ファーブル＝リュースらの名前も散見される。

（8）ブラジヤックの詳細な活動については、福田、前掲書、第五章（三三五―四一八頁）を参照せよ。

（9）《*NOTRE AVANT-GUERRE* de Robert Brasillach》

（10）後期（アメリカ時代）のド・マンの議論からは想像もつかないことであるが、ベルギー時代の彼の言明には文学・芸術の伝統継承的な展開――「進化的法則」――を自然で健全なものとみなす傾向が確認できる。物議をかもした記事「現代文学におけるユダヤ人」にも次のような一節がある。「美的な発展というものは非常に強力な法則に従うもののように思われる。そして、そうした法則は、たとえ人類が深刻な事件によって揺り動かされたときでもその作用を持続するものなのだ。世界大戦は政治・経済的な世界に深甚な激変を引き起こした。だが、芸術的生活はほとんど動揺させられていないし、今日われわれが知っている諸形式はそれ以前のものから当然の形として論理的に導かれたものなのである。」「西洋の文学的な生活は結局、つまらない価値しかもたないいくつかの平凡な個性を失うだけで、これまで同様、自らの偉大な進化的法則に従って発展しつづけていくことであろう。」

(11) ド・マンはこの時期を「卑俗性」、「俗悪な趣向性」という言葉で捉えているが、彼にとって「卑俗性（vulgarité）」とはまさに「芸術（性）」の対極に位置するものであり、「現代文学におけるユダヤ人」の一義的な読み方を攪乱するキー・ワードとしても使用されている（詳しくは、本書第一章を参照せよ）。また、一九四二年一月六日、『ル・ソワール』紙に掲載された「芸術的な卑俗性について（Propos sur la vulgarité artistique）」と題された記事には次のような一節がある。「卑俗な人間は大衆の好感度を保証してくれる機械化されたやり方を見境なしに利用することに甘んじている。」

(12) 《NOTES POUR COMPRENDRE LE SIECLE par Drieu la Rochelle》

(13) 肉体的なものに対する積極的な評価は、ドリュと同世代の作家、アンリ・ド・モンテルラン（一八九六―一九七二年）にも認められる。一九二四年に上梓された『オリンピック』はその典型的な作品と言えるだろう。なお、先の定義（福田、前掲書）に従うなら、ド・モンテルランは一応「コラボ」の枠から外されるが、この作家がブラジヤックやドリュと近しいイデオロギーを有していたことは確かであろう。

(14) Timothy Bahti,《Telephonic Crossroads: The Reversal and the Double Cross》, in *Responses: On Paul de Man's Wartime Journalism*, op. cit., p. 2.

(15) 無論、「一貫した」という表現はあくまでもこの当時のド・マンの著作に関わるものであり、以後のド・マンがそうした姿勢を維持し続けたという意味ではない。

(16) 若き日のド・マンが「文学」の進化・発展論を匂わせるような発言をしていたことは否定し得ないが、後年、ド・マンは「文学」と「歴史」との関係について複雑かつ精妙な議論を展開することになるであろう。そうした議論については、例えば以下の論考を参照せよ。Paul de Man,《Literary History and Literary Modernity》, in *Blindness & Insight: Essays in the Rhetoric of Contemporary Criticism*, Second Edition, Methuen, 1983, pp. 142-165.

(17) Georges Marlier,《La peinture juive et ses répercussions》

(18) 詳しくは本書第一章を参照せよ。

第二章　歴史から言語へ
——ポール・ド・マンの言語論的転回

文学理論が誕生するのは、文学テクストへのアプローチがもはや非‐言語的な、すなわち歴史的・美学的な考察に依拠しなくなった時である……

ポール・ド・マン『理論への抵抗』

はじめに

歴史学を、過去に出来した様々な出来事を客観的な事実——史実——として捉え、それらを連続性・首尾一貫性を有する因果的な出来事の流れ——いわゆる歴史——として提示する学問と考えるなら、あまりに素朴すぎると言わざるを得ないだろう。従来の歴史学の方法に根本的な反省を促したヘイドン・ホワイトらの「ヒストリオグラフィー」は、「歴史」を「物語＝虚構」として思考しなおすことを提唱し実践した。歴史もまた物語＝テクストに他ならないとする彼らの主張には十分すぎるほどの妥当性が秘められている。歴史学者の側からだけではなく、文学や哲学を研究する人たちの側からも、こうした主張は積極的になされてきた。例えば、アントワーヌ・コンパニョンは歴史の客観性・単一性を厳しく否定し、歴史は「文学」の一部であるとさえ断言している。

歴史家たちの書く歴史は、もはや単一でも一様でもなく、多数の部分的歴史、不均質な時系列、相互に矛盾する物語といったもので構成される。それはもはや、ヘーゲル以来、歴史を全体としてとらえる哲学者たちがそこに見てきたような単一の意味をもたない。歴史は一個の構築物であり、物語であり、そのかぎりにおいて過去と同様に現在をも上演する。歴史のテクストは文学の一部をなす。歴史の客観性あるいは超越性は幻影にすぎない。なぜなら、歴史家は、歴史の著作を構築するのに用いる言説にからめとられているからだ。この関与への自覚がなければ、歴史とはたんにイデオロギー的な投影に過ぎない。これこそフーコーの教えであるが、またヘイドン・ホワイト、ポール・ヴェーヌ、ジャック・ランシエール、その他多くの論者の説くところでもある。[1]

「イェール学派」の中心人物であるポール・ド・マンもまた、反歴史的な立場を表明し続けた文学理論家の一人である。ド・マンは歴史や文学史の問題について機会あるごとに積極的な発言を繰り返し、二冊の主著――『盲目と洞察――現代批評のレトリックに関する試論』(一九七一年)、『読むことのアレゴリー――ルソー、ニーチェ、リルケ、プルーストにおける比喩的言語』(一九七九年)――および『理論への抵抗』(一九八六年)等に収められた諸論で、歴史学という学問に潜むイデオロギー的陥穽を執拗に暴き立てている。グレゴリー・S・ジェイの的確な表現を借りるなら、ド・マンの場合、「文学史を書くという試みは、結局のところ、そうした試みの不可能性についての省察に再度帰着してしまう」[2]。

このように、ド・マンが従来の歴史的方法を批判し、「起源」や「生成」という概念に異を唱えていることは確かである。再びジェイの言葉を借りるなら、ド・マンが歴史や文学史の言説原理のなかに暴き出しているのは「生成にまつわる虚偽(genetic fallacy)」[3]あるいは「生成主義(geneticism)」[4]、すなわち、歴史的な言説生成の背後に横たわる因果性・客観性・連続性という「幻影」(コンパニョン)に他ならない。ド・マンの主張に目を向けてみるとしよう。

ド・マンの歴史認識

ド・マンは著作の随所で歴史の問題を取上げているが[5]、ここでは後の議論にとってきわめて重要と思われる一節をまず引用することにしよう。ド・マンは死後に刊行された最後の論文集『美学イデオロギー』(一九九六年)において、美学的な言説やイデオロギーに対して果敢な批判を展開しているが、そこには歴史の問題も重要なテーマとして顔を覗かせている。この著作に収録された「カントとシラー」と題された論考のなかで、彼は歴史について次のように述べている。

さて、ここにおいて思い浮かぶのが、歴史です。〔…〕歴史とは進歩や退行としてではなく、一種の出来事〔event〕、一種の出来作用〔occurrence〕として考えられることになります。「力」や「闘争」などといった言葉が忽然と浮上する瞬間から、歴史というものは存在します。さまざまな物事が起こる〔happen〕まさにその瞬間に、出来作用というものは存在し、出来事というものは存在するのです。したがって歴史とは、時系列的な概念ではなく、時系列性とは何の関係もないものということになります。むしろ歴史とは、認識の言語のただなかから（権）力の言語が忽然と浮上することにほかなりません。(6)

こうした主張には先に引いたコンパニョンのそれと通底する部分がある。無論、ド・マンのキー・タームである「出来事」、「出来作用」にはこの理論家独自の意味合いが込められているが、歴史を均質的な時系列性の外部で思念しようとする姿勢を両者は共有している。また、歴史的な言説を権力やイデオロギーの問題として思考する点でも、両者は同じ方向を向いている（これはサイードとの共通点でもある）。ド・マンにとっての歴史とは、「進歩」とか「退行」といった因果的・連続的な時系列に沿って整然と秩序づけられるようなものではなく、個々ばらばらに出来する「出来事」(7)を恣意的に関連づけることで仮構される「物語＝虚構」でしかあり得ないのだ。

こうしたド・マンの歴史観を的確に捉えるには、ヴァルター・ベンヤミンの考える翻訳言語のイメージを思い浮かべてみればよいだろう。『理論への抵抗』に収められた論考「結論──ヴァルター・ベンヤミンの「翻訳者の使命」」において、ド・マンは次のように述べている。

ベンヤミンは「断片がひとつの器の壊れた部分であるように」と言っており、その限りでは断片が全体を構成するとは言っていません。断片は断片であり、本質的に断片でしかないと言っているのです。それらは換喩的に連続するだけで、決して全体を構成することはないのです。〔…〕すべての作品は純粋言語(reine Sprach)との関係において断片であり、両者に共通なものはないのです。そしてすべての翻訳は、その意味での原作との関係においては、まったくの断片であるのです。ですから、翻訳は断片の断片であり、断片の破壊であり――つまり器は絶え間なく壊れ続け――断片が器を再構成することは決してないのです。器は最初からなかった、あるいはわれわれはその器に関する知識、意識、それに近づく道をもっていないのです。ですから、どう考えてみても、器はいまだかつて存在したことはないことになるのです。(8)

ド・マンあるいはベンヤミンが言う「全体」、「原作」、「原器」、「純粋言語」といったものを「出来事」のイメージとして読み換えるなら、「翻訳」は言語によって事後的に仮構された「事実」ないしは「歴史」と重ね合わされるであろう。ここには起源神話の蒙昧を暴き出すとともに、「歴史」を総体的に把握することの根源的な不可能性――翻訳不可能性と言い換えてもよい――を強力に示唆しようとするド・マンの意志が現われている。われわれが通常「歴史」として受け止めているのは、まさにいまだかつて存在したことのない「原器」の断片、しかも「断片の断片」でしかないのだ。「器は最初からなかった」――つまり十全な歴史など最初からなかったのである。(9)

ドイツ占領下時代の新聞記事

一人の文学者なり思想家が自らの信念を生涯にわたって貫き通す姿は感動的であり、ある意味では美しいとさえ言える。だが、彼らのなかには人生のある時点でそれまでの思考形態を敢然と断ち切り、ほとんど一八〇度の転回を示す人たちもいる。『哲学探究』(一九五三年)でなされたルートヴィヒ・ヴィトゲンシュタインによる方法上の方向転換——「言語ゲーム」という視点を前面に押し出す分析への切り換え——などがすぐに思い浮かぶかもしれない。こうした劇的な転回は「言語行為論」の提唱者J・L・オースティンなどにも確認されるが、ド・マンもまたそうした転回を遂行した思想家の一人と言えるだろう。「イェール学派」(アメリカの脱構築派)の領袖として「ディコンストラクション(脱構築)批評」をリードしたこの人物にも、そうした顔とはほとんど相容れることのない別の顔がかつて存在したのだ。

一九四二年、若きド・マンはナチスの占領下に置かれたベルギーでジャーナリズムの仕事に精力的に携わっていた。彼が最も多くの記事を寄稿したのは大手のフランス語新聞『ル・ソワール』紙であるが、フラマン(フランドル)出身の彼はフラマン語の新聞『ヘット・フラームスヘ・ラント』紙にも一〇篇の記事を寄せている。[10] それらの記事の内容には、一九〇篇近くを掲載した『ル・ソワール』紙の記事ほどの多様性は見られない。だが、そこには文学や哲学に対する若き日の問題意識が凝縮的に示されている。この文学理論家の思想的出発点を探る上でも、また、その後の変遷・転回を辿る上でも、数少ない貴重な資料と言えるであろう。早速それらの記事に目を通してみよう。

本章の中心的な課題の一つである「歴史」の問題に話を進める前に、【コラム】②で訳出した五篇の記事に現われる幾つかの用語や主張についてまず確認しておくことにする。極論を恐れず端的に述べるなら、ここには後のド・マンを予測させるような要素はほとんど存在しない[11]。もちろん、皆無というわけではない。例えば、文学と社会学の相補的な関係を論じた一九四二年九月二七―二八日の記事(「文学と社会学」)のなかで、ド・マンは「物理学や化学の場合、原因となる要素と結果は切り離すことができない。〔…〕だが、社会学的な出来事の場合、それはまったく問題にならない[12]」とし、社会的な事象が因果的な筋道の外部に出来することを強く主張している。偶然か必然か、ここに使用された「出来事」という用語は、後にド・マンの枢要なキー・ワードの一つとなる。また、もう一つ例を挙げるなら、「文学を科学的な訓練方法と考えることはできない[13]」という一節にも、文学と「純粋に条理的・科学的な方針[14]」に依拠する自然科学とを厳しく峻別しようとする姿勢――いわばロラン・バルト流の態度――が確認できる。

後期の著作では負の価値を背負うことになる用語や理念がこの時期の著作に頻出し、枢要なキー・タームの役割を演じているのは確かである。例えば、ド・グラーフは当時のド・マンの記事を彩る「最も突出したイデオロギー素(ideologemes)の一つ」を、国家的な感情とヨーロッパ統一への欲望を結びつけることに見出している[15]。「統一」あるいは「統一性」という用語は国家的な問題だけではなく、他の様々な文脈にも立ち現われるが、後期のド・マンがこの用語を積極的な価値を有するものとして多用するところなどまず想像できないであろう。【コラム】②で訳出した五篇の記事にざっと目を通しただけでも、同種の用語や表現は至る所に確認することができる。例えば、「オリジナリティ」、「美の源泉」、「客観的現実」、「調和のとれた物語」、「よりよき統制」、「均質性」、「総合」、「完全調和」等々。これらはすべて称揚されるべき理念として語られている。だが、後期の著作では、例外なく批判の対象として位置づけられることになるだろう。

歴史と文学

では、当時のド・マンは歴史と文学、あるいは文学史と文学批評の関係をどのようなものとして捉えていたのであろうか。この問題については、一九四二年六月七—八日に掲載された「批評と文学史」という記事が、最も有効な手掛かりの一つを提供してくれるものと思われる。その内容を少し詳しく見てみることにしよう。

ド・マンは先ず、次のような主張を提示することからこの文章を始めている。

どうすれば歴史的方法論の有効性を判断できるのか、という問題は、文学史を他の方向に導き、そこにより深遠な精神的内実を与えようとする人たちによって何度も提起されている。実際、そのような方法についていては、現代の事実にそれを適用すること以上に優れた試金石を見出すことはできない。歴史的方法が現代事情の研究にも利用され、様々な運動や諸傾向を明快に概説することができるなら、それによって歴史的な仕事すべての主要目標——既存の諸条件を批評的＝批判的に検討するための指針となること——は達成されることになる。[16]

ここには後期のド・マンには見受けられない歴史観のようなものが、驚くほど明確な形で表現されている。それは、歴史を連続的あるいは系統的な現象として思念しようとする眼差し、いわゆる「生成主義」である。後期のド・マンなら、「様々な運動や諸傾向を明快に概説する」などという幻想めいた目標は最初から批判的に放棄するであろう。彼にとって、古典主義やロマン主義といった文学史的な時代区分はあくまでも事後的に仮構された「物語」に過ぎず、そうした「物語」は不連続性や「出来事」的な突然性といった要素を恣意的に抑圧・隠蔽することで形作られる。ド・マンの考え方を敷衍するなら、何々主義と称されるものは、それ自体が生成的な歴史パターンを疑念視している。つまり、ロマン主義自体が「ロマン主義の歴史を書くことの不可能性[17]」を証明しているのだ。また、ジェイが的確に指摘するように、ド・マンの考える歴史とは「常に文学的[18]」、あるいは「常に既に修辞的[19]」である。換言するなら、歴史とは時間的・因果的な線状プロセスとして明快に概説できるようなものではない、ということである。

記事の内容をさらに追ってみることにしよう。ド・マンは次いで、「一般的」対「個人的」という二項対立図式を持ち出し、歴史家にとっても文学批評家にとっても前者が絶対的に重要であると指摘する。

個人的・一時的な印象のみに頼る批評、衝動的な興奮から発する批評には、いかなる価値もない。それには永続性がないからだ。〔…〕その時代〔あるいは人物〕の一般的な意義を示唆しないような歴史は、好事家たちの滑稽な気晴らしに過ぎない。そして、最近は、歴史家たちも批評家たちも、そうした誤った道に迷い込む傾向が極めて強いように見受けられるのだ。(20)

ド・マンはこう述べた後、この記事の一、二年前に刊行された対照的な二冊の文学史研究を具体例として取上げている。一冊はマルセル・レーモンが一九四〇年に上梓した『ボードレールからシュルレアリスムまで』、そしてもう一冊はルネ・ラルーが一九四〇—四一年に発表した『現代フランス文学史』である。ド・マンは先ずラルーのこの広範な書物について次のように述べている。

ラルー〔の著作〕を読むと、途方もなく混沌とした印象を覚える。幾百もの名前が掲げられ、雑多に混ぜ合わされた理論や試論が読者の眼前で渦を巻いている。読者は、思いもよらぬ迷宮のなかで、指針となるべき原理を空しく探し求めることになる。これらの作品全体にはほんの僅かな統一性もない、というのは本当だろうか？　互いに間近で仕事をしているこれほど多くの芸術家たちに何も共通するものがない、というのははたして本当だろうか？　〔…〕この文学史を読む者は、これらの問いに否定的に回答する〔「ない」、「存在しない」と答える〕しかないだろう。読者がその読みから引き出せるのは、異常に入り組んだ錯綜だけだからである。(21)

どう見てもかなり一方的な書評と言わざるを得ないが、ド・マンがこの文学史家の書法にこれほど辛辣な評価を下すのは、「統一性」対「混沌」・「錯綜」という二項対立を定め、前者の重要性・優位性を無条件に主張する必要があるからだ。こうした対立は、「一般的」対「個人的」、「共通」対「雑多」など、他の幾つかの対立としても変奏されている。後期のド・マンからはおよそ想像もつかない議論展開と言う他ない。二項対立図式の切り崩しという脱構築批評の主要戦略に敢えて話を差し向けるまでもなく、後期のド・マンなら、むしろ言語活動に潜む「混沌」や「錯綜」に注目し、そうした契機に議論の焦点を合わせたであろう。つまり、この時期のド・マンはまだ統一的な文学史を書くことが可能だと信じている。そして、それを統括する「指針」や「原理」のようなものの存在を認めているのだ。

こうしたラルーの書法を痛烈に批判するド・マンは、それと好対照をなす著作としてレーモンの書物を引き合いに出し、その長所を読者に深く印象づけようとする。(22) その際積極的に評価されるのは、言うまでもなく、ラルーの書物には欠けているとされる「秩序」、「画一性」、「連続性」といった諸要素である。

レーモンの場合、問題はまったく別である。著者は序文において既に次のように予告している。「私には、その輪郭が至る所に立ち現われるような一本の力線が、ロマン主義以降の詩的な動きを統御していると思われた」。つまり、錯綜ではなく、一本の線、一つの方向が存在し、その周りであるはっきりとした秩序づけが生じている、ということである。〔…〕この研究から立ち現われる現代フランス詩は、部分部分が相互に調和する見事に完成された全体、内的一貫性を有す

る創造的な現象なのである。(23)

この一節には、後期のド・マンが批判の中心に据えた統一的・審美的な価値観(幻想)が集約的に表現されている。(24) ロマン主義以降の詩的な動きを統御する「一本の力線」、「一つの方向」、「部分部分が相互に調和する見事に完成された全体」などはそうした価値観の最たる表現と言えるが、ここでとりわけ読者の目を惹きつけるのは「内的一貫性を有する創造的な現象」という言い方である。

いまさら言うまでもないことだが、後の脱構築批評が徹底して疑問視することになるのが、まさにテクストの「内的一貫性」という考え方である。ド・マンも含め、脱構築批評の実践者たちは誰一人としてこうした考え方に与しようとはしない。つまり、彼らが主張しようとするのはそれとは逆の事態、すなわち、テクストはテクスト自体からのずれを常に内包しており、決してそれ自体と一致することはない、ということだ。ジャック・デリダの「差延(différance)」(25)や、バーバラ・ジョンソンの「批評的差異(critical difference)」(26)などは、こうした「内的差異」の問題を前面に押し出すための典型的な用語と考えてよいだろう。「内的一貫性」という概念を創造的な文学活動の尺度として捉えようとするド・マン、そして、テクストのテクスト自体からのずれを執拗に析出しようと試みるド・マン。両者の間に存在する途方もない断絶・懸隔――すなわち、「内的差異」――については、もはやこれ以上言葉を連ねる必要はないであろう。

穿ち過ぎかもしれないが、ここでド・マンが使用している「現象」という言葉にも注意を向ける必要があるだろう。ド・マンは、後に彼の主要なキー・タームの一つとなる「物質性」に、「現象性」

という言葉を対置させているからである。こうした対立は『美学イデオロギー』に収められた論考「カントにおける現象性と物質性」のなかでとりわけ明確に提起されている。「ヘーゲルと同じくカントにおいても、文字の散文的な物質性という点こそが最も重要な勘所なのであって、この物質性をどんなに曖昧化させ、イデオロギーによって変形させようとしても、これを美的判断による現象的な認識に変えることはできないのである」[27]。ド・マンは「美的なものの現象性」[28]という表現で、「現象性」という概念と、彼が繰り返し批判してきた「美学イデオロギー」との密接な結託・共謀を暴き出そうとするが、こうした議論にもまた、「歴史」の問題が深く関わっている。ごく手短に述べるなら、ド・マンの言う「現象性」とは、本来ばらばらに出来するしかない「出来事」――歴史的あるいは美的「出来事」――を「有機的統一」[29]と称される原理によって回収し、人々の欲求に見合うような「物語」にまとめ上げるための、いわば誘導概念ということになるだろう。実は、この一九四二年の記事には、「美学」の問題も含め、後の「物質性」や「出来事」といった議論に直結すると思われる発言も垣間見られる。とはいえ、それは後の議論とはまったく逆の方向を向いている。

相互的な影響やグループ化といった微妙な作用は突然気紛れに生じるのではなく、ある法則に従っているように見える。行動や創造にはある確かな同質性、画一性が存在する。つまり、すべての世代の詩人たちは、すべてのメンバーに固有の審美的規律を有しているということである。他方、ある確かな連続性も存在する。[30]

これまでも執拗に指摘してきたが、後期のド・マンは歴史的「事実」なるものを、言語によって事後的に仮構された「物語＝虚構」とみなしている。別の言い方をするなら、「歴史」を形成すると思われる「物質的な出来事」[31]は因果性の外部において、それぞれが個々別々に出来するということだ。すべての「出来事」は本来的に不連続であり、それぞれの間にはそもそもいかなる「連続性」も存在しない。だが、この記事を書いたときのド・マンは「組織的な進化法則」[32]といったものを大真面目に口にし、「統一性」、「一貫性」、「連続性」、「永続性」といった概念を疑いもなく信奉している(「マルセル・レーモンの統一性への傾きは、論理的一貫性に対するわれわれの自然な衝動を満足させるだけではない。それは現実として認識されるものを忠実に再生しているのだ」[33])。だが、その後、こうした審美的・総体的な価値観は大きく揺らぐことになる。ほぼ一八〇度の転回といっても過言ではないだろう。それが正確に、いつごろ、どのようにしてこの文学理論家の身に出来したかは定かではない。ド・マン自身の言い方を逆用するなら、それは畢竟、「突然気紛れに」生じた、という他ないのかもしれない。

ポール・ド・マンの言語論的転回

こうした反-歴史的とも目される人物の思想を、転回や変遷といった歴史的な視点から論じるのは些か矛盾めいたことかもしれない。だが、若き日のド・マンと後期のド・マンの「隔絶」・「断絶」を確認したからには、たとえ偶然とはいえ、そうした「隔絶」・「断絶」に関与したと想像される思想的な「契機」――「出来事」――について考えてみることも、ある程度必要であろう。そうした考察もまた仮構された「物語」に過ぎないと言われれば、確かにその通りである。しかし、それでもなお、ド・マンの思想的転回に何らかの形で関与したと思われるものを読み取るという姿勢は、必ずしも彼自身の意向と矛盾するものではないだろう。「『読むことのアレゴリー』は歴史的研究として開始されたが、結局は読むことの理論としてまとめ上げられることになった[34]」。これは他ならぬ『読むことのアレゴリー』の「序文」冒頭に位置する言葉である。無論、両者の性格は大きく異なるが、「隔絶」・「断絶」は初期と後期の間だけではなく、主著とされる後期の著作の内部にも出来しているのだ。

では、初期と後期の「隔絶」・「断絶」を出来させたのは、いったい何だったのだろうか。ここで、その因果関係を特定しようとは思わない。だが、そこには「歴史」から「言語」へ、あるいは「歴史」から「修辞」へという意識転回が決定的な契機として介在しているのではないか、と想像してみることはできる。言い方を換えれば、一九四二年当時のド・マンには、文学を「言語」や「修辞」の問題として追究しようとする姿勢がほとんど見られない、ということである。『ヘット・フラームスへ・ラント』紙に掲載された記事にも、そうした姿勢はまったく感じられない。後期のド・マンのみを知る者にとっては、あまりにも大きな懸隔と言うべきだろう。

こうした「隔絶」・「断絶」の到来やプロセスを歴史的・因果的に追跡することは極めて困難であり、後期ド・マンの方法論とも根本的に齟齬をきたすことになるのだが、ここでは「歴史」から「言語」へという方向転換のようなものを、とりあえずポール・ド・マンの「言語論的転回」と呼んでおくことにしよう。再三指摘してきたように、それがいつ、どのような因果性に基づいて出来したかは定かでない。だが、この文学理論家の長きにわたる著作活動のどこかで、「言語」への関心が未曾有の膨張を示したことは否定できない。そして、それがド・マンに「読むこと」の問題を引き寄せる契機、クリストファー・ノリスの書物のタイトルを借りるなら、「脱構築的転回」[35]として到来したこともまた確かなのである。

とはいえ、ド・マンの「言語論的転回」と、通常、構造主義的な文脈で語られる「言語論的転回」の間にはかなり大きな隔たりがある。もちろん、共通点がまったくないわけではない。例えば、一九七二年に執筆され、一九九〇年に雑誌『イェール・フレンチ・スタディーズ』第七七号に掲載された論考「ロラン・バルトと構造主義の限界」には、次のような件がある。

バルトから学ぶべき主要眼目は、文学には対象指示的な機能がないということではなく、「究極的な」指示対象には決して到達できないということ、したがって、批評的メタ言語の合理性は絶えず脅かされ、疑念に晒されているということである。[36]

この一節には、後期ド・マンの言語観が既に明確な形で姿を現わしている。文学――「言語」と言い換えてもよいだろう――と指示対象の間にはいかなる論理的・必然的な結びつきも存在しない。ここまでは構造主義的な言語観と大差はない。だが、ド・マンの主張には続きがある。言語は確かに究極的な指示対象に到達することはできない。しかし、それはまた自動的かつ不可避的に、ある何かを指し示してしまう、ということだ。つまり、言語は「指示」という機能と同時にそれとはまったく逆向きの方向性を与えられ、それら二つの方向性の間で永久に引き裂かれることになるのだ。ド・マンの言う「アレゴリー」とは、言語の置かれたこうしたアポリア的な逆境を比喩的に示唆する用語に他ならない。

とはいえ、ド・マンはこうした逆境を決して悲観的なものとみなしてはいない。彼にとっては、言語の背負うそうしたアポリア性を考慮しないこと、あるいはそれに異を唱えることの方が、むしろはるかに悲観的なのだ。先に引いたバルト論の結末はそのことを雄弁に物語っている。「「シニフィアンの解放(libération du signifiant)」が誤った理由で抵抗を受けている限り、バルトの仕事の衝撃力が完全に明かされることはあり得ないだろう」[37]。ド・マンがここで語っている「抵抗」には、おそらく当時の構造主義的記号論者たちのそれも含まれているだろう。これより後に書かれる『読むことのアレゴリー』の一節でもなお、レトリックの分析を普遍文法という統一的・一枚岩的な枠組みの内に同化・吸収しようとする彼らの試みに対して厳しい批判が加えられているからだ(ちなみに、その中にはバルトの名前も含まれている)。

今日、フランスその他の地で実践されている文学的記号学の最も際立った特徴の一つは、文法的(特に統語論的)構造と修辞的構造を結びつけてしまい、両者間に存在しうる食い違いを明確に意識していない、ということである。文学的分析において、バルト、ジュネット、トドロフ、グレマスおよび彼らの弟子たちは皆、文法的機能と修辞的機能を完全に連結し、いかなる困難や断絶もなく文法的構造から修辞的構造に移行する点で、ヤーコブソンの議論を単純化し、そこから退行している。[38]

ここに見られる「食い違いを明確に意識していない」、「完全に連結し」、「いかなる困難や断絶もなく〔…〕移行する」といった表現は、若き日のド・マンが文学史家レーモンの著書を称揚する際に用いた「部分部分が相互に調和する見事に完成された全体、内的一貫性を有する創造的な現象」といった言い方を彷彿させる。つまり、ド・マンによれば、構造主義者たちが提起した「言語論的転回」という発想だけでは、言語に潜む根源的なアポリア性、「論理的緊張(39)」という問題には十分対処することができない。

「シニフィアンの恣意的な力(40)」という彼自身の表現からも窺えるように、言葉と指示対象(あるいはシニフィアンとシニフィエ)の結びつきに根本的な「恣意性(arbitrariness)」を認める点では、彼も構造主義者たちもほとんど同じ立場にある。だが、ド・マンの「転回」には「歴史」から「言語」・「修辞」へという、もう一つの「転回」が伴っている。そして、もはや繰り返すまでもないが、この「転回」においては「物質性」、「機械」、「アレゴリー」、「アナコルソン」、そしてとりわけ「出来事」という反-歴史的、反-審美的な概念が決定的な役割を演じている。「出来事」とはあくまでも因果性や論理性とは無関係な場において出来するものであり、ある「出来事」と別の「出来事」の間には本来何の結びつきも存在しない。ド・マンの表現を敷衍するなら、そこにあるのは「無作為さ(randomness)」に支配された「無作為な出来事(a random event)」でしかあり得ない(41)。亡くなるおよそ半年前(一九八三年春)に準備されたベンヤミンに関する講義メモにも次のような注目すべき記述が見出される。「歴史は人間的でもなければ、自然的でもない。また、現象的でもなければ、時間的でもない」[42]。こうして、若き日のド・マンが「歴史」に対して思い描いていた審美的な理想像――「部分部分が相互に調和する見事に完成された全体、内的一貫性を有する創造的な現象」――は、恣意性や無作為性を本質とする「物質(性)」や「出来事」――「非人間的な(inhuman)もの」、と言い換えてよいかもしれない――への強靱な思索を経て、完全にその姿を消すことになる。

「文学理論が誕生するのは、文学テクストへのアプローチがもはや非-言語的な、すなわち歴史的・美学的な考察に依拠しなくなった時である」[43]という彼自身の主張にそれなりの理があるとするなら、文学理論家ポール・ド・マンの誕生もまた、「歴史」、「美学」から「言語」へという劇的、断絶的な意識転回の最中で出来したと推測することができる。そこに厳密な因果関係や論理的な説明を重ね合わせることは極めて困難であり、ともすれば無意味とさえ言えるかもしれない。とはいえ、若き日のド・マンと後期ド・マンの間に決定的な断絶が存在することは明らかである。そして、どうしても歴史的・因果的な言い回しにならざるを得ないが、文学理論家ド・マンの誕生は、そうした断絶と深い関わりを有している――念のため付言するなら、あくまでも一つの「出来事」として。

おわりに

ポール・ド・マンの仕事は数々の断絶を抱えている。「脱構築批評の中心人物」というのは彼の数ある顔の一つ――最も人口に膾炙した顔――に過ぎない。一九一九年にベルギーで生まれ、一九四六年にアメリカに移住したド・マンは、ハーヴァード大学で博士号を取得する一九六〇年前後から文学理論家として徐々に頭角を現わすが、四〇年代半ばから五〇年代初頭の活動についてはまだまだ不明な部分が多い。また、仔細に検討を加えるなら、五〇年代初頭から後期に至る著作のなかにも種々の断絶——いわゆる「内的差異」——が確認されることになるだろう。こうした断絶については様々な視点からの分析が可能だが、本章ではベルギー時代の新聞記事と後期の著作を摺り合わせることで、前期ド・マンと後期ド・マンの間で出来したと思われる劇的な「転回」について考えてみた。要約的に述べるなら、前期と後期の最も顕著な断絶は「歴史」から「言語」へという意識転回と深く関わっている。「物質性」、「出来事」、「アレゴリー」、「機械」といった後期の著作を彩る枢要な諸概念も、こうした意識転回によってもたらされた。初期のド・マンがいわゆる歴史的な思想家であるとするなら、後期のド・マンは「言語論的転回」という根源的な断絶経験を経て、歴史的論理・美学から身を引き離し、文学理論家として再誕生したのだと言えるかもしれない。しかし、これもまた事後的に仮構された一つの「物語」に過ぎないと言われれば、たぶんそのとおりである。

【註】

（1）アントワーヌ・コンパニョン『文学をめぐる理論と常識』中地義和・吉川一義訳、岩波書店、二〇〇七年、二五八頁。同種の主張は他の数々の論者たちにも見受けられるが、例えば、ポストコロニアル批評の代表的な論客の一人であるエドワード・サイードの歴史認識にも彼らと共通する特徴が確認できる。シェリー・ワリアはサイードの歴史観について次のように要約している。「過去に関する説明＝報告がすべて虚偽であると言うのは不当であるとしても、サイードは、ヨーロッパの学者たちの様々な著作が帝国‐建設というイデオロギー的・政治的な要求によって形作られていること、そして、彼らの政治目的には、人種的・文化的な優越意識が明確に潜在していることを論証しようとする」(Shelley Walia, *Edward Said and the Writing of History*, Icon Books/Totem Books, 2001, p.19(シェリー・ワリア『サイードと歴史の記述』永井大輔訳、岩波書店(「ポストモダン・ブックス」)、二〇〇四年、二一—二二頁))。つまり、サイードにとっても、過去の説明＝報告としての歴史記述は決して客観的なものではあり得ず、そこには何らかの形で恣意的あるいは権力的な要素が介入せざるを得ない、歴史とは多かれ少なかれ物語＝虚構である、ということである。

(2)Gregory S. Jay,《Paul de Man: The Subject of Literary History》, in *Comparative Literature*, Vol. 103, December 1988, p. 977.

(3)Id.

(4)Ibid., p. 978.

(5)ポール・ド・マンと歴史の問題について鋭利な考察を施している論考としては、例えば以下のものがある。Kevin Newmark,《Paul de Man's History》, in *Reading de Man Reading*, edited by Lindsay Waters and Wlad Godzich, University of Minnesota Press, 1989, pp. 121-135.

(6)ポール・ド・マン『美学イデオロギー』上野成利訳、平凡社、二〇〇五年、二四四—二四五頁(強調はド・マン、訳文一部変更)。

(7)ド・マンの重要なキー・タームの一つである「出来事(event)」は、因果性の外部で個々ばらばらに出来＝到来することがらを意味する。一方、ド・マンの立場からするなら、歴史学などの分野で頻繁に用いられる「事実(fact)」という用語は、言葉によって事後的に仮構されたことがら、すなわち「物語」あるいは「虚構」を指し示すと考えられる。ちなみに、「事実」を意味するフランス語“fait”は、動詞「作る(faire)」の過去分詞——すなわち、「作られたもの」——と同形である。

(8)ポール・ド・マン『理論への抵抗』大河内昌・富山太佳夫訳、国文社、一九九二年、一八五頁(強調はド・マン)。

(9)ド・マンは『ロマン主義のレトリック』(山形和美・岩坪友子訳、法政大学出版局、一九九八年)に収められた論考「汚損されたシェリー」でも「出来事」の無作為性に触れ、歴史的・審美的な方法論の限界を暴き立てている。「『世俗の勝利』〔シェリーの詩作品〕は、行為であれ、言葉であれ、思考であれ、テクストであれ、何ものも先行する、後続する、あるいは他所に存在する何かと肯定的あるいは否定的に関連して起こるのでは決してなく、ただ無作為な出来事（a random event）としてのみ起こるということ、そしてそうした出来事の力は死の力のように、生じることの無作為さ（randomness）に帰せられるということをわれわれに言い渡している。それはまた、それらの出来事がなぜ、どのようにして、誤謬の露見にもかかわらず繰り返される、歴史的・審美的な回復システムのなかで再建されなければならないかをわれわれに警告している」（同書、一五六頁。訳文一部変更）。

（10）これらの記事については本書【コラム】②として併載された五篇の翻訳およびそれに関する「訳者解題」（【コラム】②）を参照せよ。

（11）ド・マンがこの時期に執筆した記事の存在を世に知らしめることになったオルトウィン・ド・グラーフは、この点について次のように述べている。「今では既に明らかとなっているが、この段階におけるド・マンの文学・文学的言語に対する考え方は、その後の見解とは根本的に異なっている。一九四二年時点のド・マンは、文学を国家特有の気質の表現、すなわち、「人類の運命についての一般観念」を引き出す際に都合よく利用できる、信頼に足る歴史資料のようなものとみなしている」（Ortwin de Graef,《Aspects of the Context of Paul de Man's Earliest Publications》, followed by《Notes on Paul de Man's Flemish Writings》, in *Responses: On de Man's Wartime Journalism*, edited by Werner Hamacher, Neil Hertz, and Thomas Keenan, University of Nebraska Press, 1989, p.119）。

（12）Paul de Man, *Wartime Journalism, 1939-1943*, edited by Werner Hamacher, Neil Hertz, and Thomas Keenan, University of Nebraska Press, 1988, p. 322（本書一四一頁）。

（13）Id.（本書一四二頁）。

（14）Id.（本書一四二頁）。

（15）de Graef, op. cit., p. 177.

（16）de Man, op. cit., p. 313（本書一二九頁）。

（17）ポール・ド・マン『読むことのアレゴリー——ルソー、ニーチェ、リルケ、プルーストにおける比喩的言語』土田知則訳、岩波書店、二〇一二年、一〇九頁。ド・マンは『ロマン主義のレトリック』に収められた論考「抒情詩における擬人化と比喩」の結論付近でも次のように主張している。「「抒情詩」（あるいはその様々な亜種である「頌歌」「牧歌」「晩歌」）のようなジャンル名は、「ロマン主義」や「古典主義」といった擬似歴史的な時代区分と同様、つねに現実の歴史の物質性からもっとも遠く隔たった、抵抗と郷愁の術語である」（前掲書、三三九頁）。

（18）Jay, op. cit., p. 991.

（19）Id.

（20）de Man, *Wartime Journalism, 1939-1943*, op. cit., p. 313（本書一三〇頁）。

（21）Id.（本書一三一頁）。

（22）皮肉なことに、ド・マンは後にレーモンのこうした歴史観を厳しく批判することになる。『読むことのアレゴリー』においてド・マンは「出来事」を「生成的な系譜（genealogical lines）」あるいは歴史的な系譜（historical lines）」に沿って考えるようなレーモン流の思考法に異を唱えている（de Man, *Allegories of Reading*, op. cit., p. 190）。

（23）de Man, *Wartime Journalism, 1939-1943*, op. cit., p. 313（本書一三一—一三二頁）。

（24）ド・マンはこの同じ一節で「すべての世代の詩人たちは、すべてのメンバーに固有の審美的規律を有している」と述べている（強調は引用者）。

（25）次の著作を参照せよ。ジャック・デリダ「差延」、『哲学の余白』上、高橋允昭・藤本一勇訳、法政大学出版局、二〇〇七年。

（26）Barbara Johnson, *The Critical Difference: Essays in the Contemporary Rhetoric of Reading*, Johns Hopkins University Press, 1980.（バーバラ・ジョンソン『批評的差異——読むことの現代的修辞に関する試論集』土田知則訳、法政大学出版局、二〇一六年）

（27）ド・マン『美学イデオロギー』前掲書、一六三頁（訳文一部変更）。

(28) 同書、一六一頁。
(29) 同頁。
(30) de Man, *Wartime Journalism, 1939-1943*, op. cit., p. 313（本書一三一―一三二頁）。
(31) ちなみに、「物質的な出来事」という表現は二〇〇一年に出版されたド・マンに関する論文集のタイトルでもある（*Material Events: Paul de Man and the Afterlife of Theory*, edited by Tom Cohen, Barbara Cohen, J. Hillis Miller, and Andrzej Warminski, University of Minnesota Press, 2001）。
(32) de Man, *Wartime Journalism, 1939-1943*, op. cit., p. 314（本書一三三頁）。
(33) Id.（本書一三三頁）。
(34) ド・マン『読むことのアレゴリー』前掲書、xiii頁。
(35) Christopher Norris, *The Deconstructive Turn: Essays in the Rhetoric of Philosophy*, Methuen, 1983（クリストファー・ノリス『脱構築的転回――哲学の修辞学』野家啓一・有馬哲夫・森本浩一訳、国文社、一九九五年）。
(36) Paul de Man, *Romanticism and Contemporary Criticism: The Gauss Seminar and Other Papers*, edited by E. S. Burt, Kevin Newmark, and Andrzej Warminski, Johns Hopkins University Press, 1993, p. 176.
(37) Ibid., p. 177.
(38) ド・マン『読むことのアレゴリー』前掲書、七頁。
(39) 同書、八頁。
(40) 同書、三八三―三八四頁。
(41) ド・マン『ロマン主義のレトリック』前掲書、一五六頁。
(42) Tom Cohen, Claire Colebrook, and J. Hillis Miller, *Theory and the Disappearing Future: On de Man, on Benjamin*, with a manuscript by Paul de Man, Routledge, 2012, p. 49. 一言注意しておくなら、ここでもまた、ド・マンが「物質的（material）」という用語の対立概念として提起してきた「現象的（phenomenal）」という言葉が添えられ、「歴史」の本質である「出来事」性、すなわち、出来するものの根本的な「無作為性」が強調されている。
(43) ド・マン『理論への抵抗』前掲書、三二一―三二二頁（訳文一部変更）。

【コラム】②　ドイツ占領下時代の新聞記事　五篇

【訳者解題】ポール・ド・マンはドイツ占領下時代、ベルギーの新聞等に数多くの記事を寄稿している。そのなかには、後年「親ナチ的」と非難され、センセーショナルな論争——いわゆる「ド・マン事件」——を引き起こしたものも含まれている（一九四一年三月四日に『ル・ソワール』紙に掲載された記事「現代文学におけるユダヤ人」。本書【コラム】①）。この事件をきっかけに、彼が一九三九年から四三年にかけて執筆した記事の内容がすべて明らかになった。それらの記事は、その後ヴェルナー・ハーマッハー、ニール・ハーツ、トマス・キーナンの編集により、一冊の書物——現物の記事をほとんどそのままコピーしただけのもの——にまとめられた。それが一九八八年に刊行された『戦時ジャーナリズム　一九三九—一九四三年』(Paul de Man, *Wartime Journalism, 1939-1943*, edited by Werner Hamacher, Neil Hertz, and Thomas Keenan, University of Nebraska Press, 1988)である。この書物は、『ル・ソワール』紙に掲載された一七〇篇（および、署名のない記事など一六篇）、フラマン語の新聞『ヘット・フラームスへ・ラント』掲載の一〇篇、ブリュッセル自由大学の左翼学生サークル「リーブル・エグザマン」の刊行物『カイエ・

デュ・リーブル・エグザマン』掲載の三篇、戦前の社会主義的学生新聞『ジュディ』掲載の七篇、ド・マンが一九四二年二月に就職した出版社「アジャンス・ドゥシェンヌ」の雑誌『ビブリオグラフィ・ドゥシェンヌ』に掲載された一〇〇篇から構成されている。なお、この書物＝資料についてはその後活発な議論が展開されているので、関心のある読者は、『戦時ジャーナリズム一九三九—一九四三年』の編集に当たった三人が一九八九年に刊行した『応答——ド・マンの戦時ジャーナリズムについて』(*Responses: On de Man's Wartime Journalism*, edited by Werner Hamacher, Neil Hertz, and Thomas Keenan, University of Nebraska Press, 1989)を是非一度参照していただきたい。ド・マンを擁護したジャック・デリダはこの論争を「ポール・ド・マンの戦争」と呼んだが、そこではド・マンのナチ問題をめぐる議論が、まさに「戦争」さながらの状態で繰り広げられている。問題の記事「現代文学におけるユダヤ人」についても既に論じたことがあるので、詳細についてはそちらの論考を参照していただきたい(本書第一章「「卑俗な」という危うげな一語に託して——ポール・ド・マンの選択」)。

ド・マンはおよそ七ヵ月という短期間のうちに、フラマン語の新聞『ヘット・フラームスヘ・ラント』に一〇篇の記事を寄稿している。以下に訳出したのは、そのうちの五篇である。内容はいずれも文化・芸術・文学・思想の領域に関わっている。その後のド・マンの仕事——あるいはむしろ、後年の仕事との決定的な懸隔——を理解するためには、欠かすことのできない重要な資料と言えるだろう。ちなみに、残り五篇の見出し・掲載日は以下のとおりである。

「文化と芸術　国家の本質を映す、鏡としての芸術――A・E・ブリンクマン『国家の精神』に関する考察」一九四二年三月二九―三〇日
「ドイツ文学　偉大な作家、エルンスト・ユンガー」一九四二年七月二六―二七日
「国民と文学　ドイツ現代小説に関する一見解」一九四二年八月二〇日
「ドイツ文学　ドイツの偉大な叙情詩人、マックス・ダウテンダイ」一九四二年九月六―七日
「文化生活　廉価版の利点と弱点」一九四二年一〇月二〇日

先に触れたように、『戦時ジャーナリズム　一九三九―一九四三年』は現物の記事をそのままコピーする形で編集されているが、『ヘット・フラームスへ・ラント』紙に掲載された記事には、フラマン語という言語の特殊性を考慮してか、オルトウィン・ド・グラーフによる英訳が添えられている。ド・グラーフはあの爆弾的な記事――「現代文学におけるユダヤ人」――を発見した当の人物であり、その後のド・マン研究でも重要な役割を果たし続けている。以下の、訳文も、信頼に足るこのド・グラーフの英訳を基にしている。彼が付した幾つかの訳註にも大いに助けられた。この場を借りて感謝の意を表したいと思う。

フランス文学の現代的諸傾向

一九四二年五月一七—一八日
『ヘット・フラームスへ・ラント』紙

フランス文学が今世紀の芸術的な生において果たした傑出した役割については、誰一人異を唱えようとは思わないだろう。ここ二五年間に西ヨーロッパの最も重要な国々の文学領域で生じた発展を比較検討するなら、フランスの影響が常に決定的であったこと、そして、その作用がなければ、イギリスやオランダ、さらにはドイツの著作さえ今日のような水準に達していなかったことが証明されるだろう。このことは、フランスの創造力が近隣諸国のそれに優っていることを些かも暗示してはいない。それどころか、われわれがここで立ち会っているのは、ヨーロッパ文明の歴史のなかで定期的に繰り返されてきたごく普通の現象に他ならない。一つの国があるスタイルの創造に成功し、その可能性がそれを長く開花させる。すると、それらの規範が周辺領域の手本となり、今度は周辺領域が次々とそれらを採用することになる。しかし、このことは受動的な模倣を意味してはいない。借用された諸傾向は、その国民特有の資質や好みに応じるよう、改変・変形されうるからである。偉大極まりない傑作の誕生は、そうした混合や交換に根差している。つまり、オリジナリティの必要性と、同じ文明圏の異なる領域で為された発見を利用する文化受容の必要性との間には、いかなる矛盾も存在しないのである。

こうした事態は現代文学とともに生じたが、既に述べたとおり、その最初の推力を与えたのはフランスであった。この記事では、その動きがどのように波及したのかを追跡しようとは思わない。ごく概略的なあらましを示すだけでも膨大な紙面が必要になるだろう。この記事の枠内で要約可能なのは、根幹となったフランス散文作品の現況である。さらに言うなら、その主題もまた概して重要である。フランス文化の産物は今日に至るまで、豊穣な美の源泉であり続けているからである。

このような文学の歩みに関わる近年の最も際立った現象は、幾つかの点で前世代とは異なる新たなグループが徐々に形成されたことである。とはいえ、それらの先駆者たちは一流の人物たち、ヨーロッパ文学界全体のリーダーたちであった。私が言っているのはアンドレ・ジッド、ポール・ヴァレリー、ポール・クローデル、マルセル・プルーストといった作家たち、つまり――小説の領域に限定するなら――心理分析や人間の内的本質の研究をほとんど驚異的な極致にまで導くことのできた作家たちのことである。とはいえ、そうした限りない卓越性、そしてそれに伴う極度の洗練には、それ自体のうちに、頽廃すれすれの幼芽が包まれている。フランスは結局、そうした頽廃を実際に目撃することはなかった。ほとんど奇怪なまでに小事に拘り、そのために活力すべてを使い果たすといったスタイルを特徴とする作品は、フランスよりもイギリス、そしてある範囲においては、オランダの地で一層の興隆を見たからである（例えば、ジェイムズ・ジョイス、ヴァージニア・ウルフ、あるいはシモン・フェスダイクの幾つかの作品を考えてみればよい。私がここで明白な功績を有する名前を恣意的に挙げたのは、頽廃と劣悪が必ずしも同義語ではないことを示すためである)。フランスでは、人々がそこまで事を推し進めることはなかった。この内的不毛化という危険が生じたとき、才能ある若者たちが別の方途を見出し、新たな領域を開拓し始めたからである。こうした新来者たちの間では、われわれが今日、旧世代の基本特徴とみなしうるような心理研究は、もはや同じ位置を有してはいない。例えば、ド・モンテルランの場合、先ず最初に印象づけられるのは心理的要素ではなく神話的要素であり、自然の初源的諸力に対する汎神論的な崇拝、いかなる頭脳的分析とも無縁の、圧倒的官能性の執拗な暴露である。セリーヌの場合、人間の性格に関わる知識＝理解は激烈なパンフレットのような散文の爆発にすべて飲み込まれ、言語的豊穣さや幻視的洞察力の間断なき暴力により、客観的現実とはもはや何の共通点もない世界へと人を導いて行く。ストーリーテラーと呼びうるような別のグループ——マルセル・アルラン、マルセル・ジュアンドー等々——は物語の技巧を確立し、知的なものよりも語りを優先させる。彼らの主たる目的は、もはや人間の複雑さや問題を説明することではなく、むしろ外的描写や性格描写を健全で調和のとれた物語と結びつけることにある。そして最後に、ジオノと彼の(あまりにも)多くの追随者たちの場合、内省的な知に対する反発は徹底的な性格を帯び、一つの主義と化している。それは単純に自然なものを求め、その作用がわれわれを生の健全な源から遠ざけてしまうような、幾分なりとも人工的な合理性に対し、ことごとく戦いを挑んでいる。

手短に述べるなら、こうした傾向すべてでは、その多様性とは関係なく、前世代とは異なる一つのネガティヴな性格を共有している。それは他の小説的要素を支持するために心理学を押し戻そうとする姿勢に現われている。このような違いを殊の外強調したのは、言うまでもなく議論を明確にするためであり、実際上、そうした違いが常に鮮明明白に立ち現われるわけではない。かかる短期間のうちに、深甚かつ広範な影響を及ぼした一連のスタイル原則と完全に手を切ることなど到底不可能である。したがって、われわれが遭遇しているこれらの新しい傾向は、既存の考え方と常に緊密に連携している。また、ここで指摘しているのは、鮮明な輪郭を有する美学というより、むしろ開始されたばかりの一つの動きである。それは何ら驚くべきものではない。しかし、それでもなお、われわれが連続する二世代の断絶を口にし、ある革新——その方向性や可能性はまだ決して定まってはいない——の始まりを告げるには、ここに取上げた現象だけで十分である。

以上のような考察は批評＝批判的ではなく、純粋に歴史的な性格のものである。したがって、過去の作品と現在の作品とのこうした対照には判断は一切含まれていないし、それがさしあたりの判断基準として役立つこともない。フランスの新たな世代が今までに生み出したものを、古き世代の優れた功績と比べることはどうあろうと不可能である。これは才能だけでなく、歴史的事情に関わる問題なのだ。質的な観点から眺めるなら、現在のような過渡期——私が語っているのは文学の領域についてである——は決して有益な時期ではない。存在する多大なエネルギーが不毛な実験や探究・模索に浪費されているからだ。ここでも事情は同じである。この一連の小説家たちが担っている役割は心地よいものではない。彼らに傑作を期待するのも無理だろう。しかし、それにもかかわらず、その役割は極めて重要である。彼らは連続する二世代間の橋渡しを行なっているからである。彼らは今もなお偉大な先駆者たちの重い遺産を背負い、先にあるものの未知の地平に向けて歩み続けなければならない。それ故、完璧ではないが、彼らの作品は途方もなく魅力的である。それは、われわれの文学的な未来を予見するために、われわれが手にできる唯一の資料だからである。

もう一つ指摘しなければならないことがある。ここで話題にしている分離＝断絶は、この数ヵ月に生じた戦争という事実に符合するものではない、ということである。それは以前から既に認めることができたし、遥か以前から認めることができたとさえ言えるだろう。それに、フランスで生じた衝撃的な出来事がこのような進展を煽り、加速させたことを確かめる術などない。事の現状を注意深く検討するなら、それとはむしろ逆の事態、つまり、この戦争は芸術的な創造にいかなる影響も与えなかった、ということが証明されるかもしれない。さらに言えば、このことについてもう少し深く考察した人なら、このような事態はさほど驚くものではないと感じるだろう。というのも、この戦争は変化の原因ではなく、むしろ既に存在していた革命＝変革の結果だからである。つまり、それは他の領域でも、文学世界と同じような沸騰現象が生じている、ということにすぎない。それぞれが別物に見えるのは、両者の表現＝表出が相互的にではなく、共通の諸要素によって決定されるからである。そこで、ここ数ヵ月の芸術生産に観察される昨今の貧窮、フランス小説もまたそれに悩まされていると思われる貧窮は、深刻な効果を伴わない物質的諸要素に帰せられるべきである。近い将来には、正常な展開が再び可能となるだろう。

＊ "Huidige Strekkingen der Fransche Literatuur / Contemporary Trends in French Literature", *Het Vlaamsche Land*, 17-18 May 1942

ポール・ド・マン

ヨーロッパという概念の内実

一九四二年五月三一日—六月一日
『ヘット・フラームスへ・ラント』紙

今日、最も衝撃的で、一見したところ最もパラドクシカルな現象の一つは、戦争が——少なくともその最初の段階においては——この大陸の最も重要な国家であるフランスとドイツを互いに反目させているまさにこの時期に、ヨーロッパ統一という概念が徐々に拡大していることである。

とはいえ、軍事作戦の展開自体は、ヨーロッパ外の軍隊と大陸文化の代表者たちの衝突という形に戦闘を再編してきている。それ故、少々驚くのは、ヨーロッパという問題が再び社会の耳目を引き、それが事実上、将来のよりよき統制への出発点となりうるような、最も重要な原理と化していることである。したがって、有効なのは、このかなり抽象的な観念を幾分なりともより的確に説明し、その内実を正確に規定しようと努めることだろう。

ヨーロッパ統一という概念の強みでもあり弱みでもある事実の一つは、それが常に純粋に精神的な趣旨を伴う概念として立ち現われ、そこに物質的・直接的な観点が些かも認められない、ということである。原因は、この概念がもっぱら上部構造的な水準で機能していること、すなわち、この概念がわれわれの日常的な営為に直接影響を及ぼすことはない、という事実にある。ナショナリズム的な諸概念と、ヨーロッパにより広く拡散したこの概念作用との対照に注意を向けることが、こうした事態を理解する最良の手段となりうるであろう。

国家的な諸価値は、最も素朴で無教養な人に至るまで、すべての者に観察可能である。そうした諸価値は多数の小さな事物のなかに立ち現われ、それらの事物は万人が経験するようなある空気を生み出すからである。

数多くの外的諸委細——交通の取り締まり方法、道路標識、公人の服装、等々——が疎遠という印象を与えるのにどれほど大きな力を発揮するかを実感するには、国境を越えてみるだけで十分である。国家の特殊性格を築き上げるようなより深遠な要因——言語、建築様式、風俗習慣など——を持ち出す必要はない。しかし、ここで指摘しておきたい重要なことがらは、ナショナリズムは権力を築くにあたり、ほとんど個人的–下部構造的な性質の要素を根拠にできる、ということである。国家的な自尊心は、われわれが間断なく確認・感知できる数多くの特質＝素質に由来する。優れた鉄道システムの編制、地方の美しい民族舞踊、スポーツの世界記録など、それらは何であっても構わない。自然的国家統一の確立が比較的容易であるという理由もまたそこにある。

こうした傾向は、時として、凄まじいばかりの随意力によって駆り立てられるため、立ち塞がる困難をことごとく蹴散らしたり、それを打破しようとする試みすべてに対して、極めて強固な抵抗を示すことになる。

ヨーロッパという概念に関しては、問題はまったく別である。この概念は政治的関係、経済的協定、社会－歴史的な類似＝均質性に根拠を置いている。つまり、計り知れないほどの重要性をもちながら、われわれの現実に直接衝撃を与えないような諸要因を礎にしているのだ。極秘裏に締結された条約や政治家たちの間で交された協議は、多くの人々の生殺与奪を決しうるが、それはまだ、われわれが関心を寄せるのは難しい何か遠いもののまま留まっている。

産業資本家たちが複雑な数値表を吟味し、経済学者たちがある手段を講じることに合意すれば、われわれが手にする食物量は決定されるだろう。しかし、素人にとって、それは相変わらず生気のない空論のままである。

また、われわれの大陸の遠い片隅で、難なく楽しむことができるほどわれわれの美に合致した大聖堂や書物がついに建設されたり、書かれたりしても、こうした出来事に魅了されうるのは、依然として、比較芸術史の専門家たちでしかないように思われる。

このような対立を強調することでわれわれが証明しようとしたのは、言うまでもなく、ヨーロッパ思想の抽象的な局面に他ならない。この大陸の住民たちを一つに結びつけるものを絵のような真実として提示することは不可能であるし、この先も不可能であり続けるだろう。それよりも問題なのは、彼らには自分たちを分断するものが——個人的な感情に関わる問題であるために——逆に極めて明瞭に見えてしまう、ということである。

これは結局のところ、今日の大変革における最大の難局である。大変革は、その存在と有効性を担う国家的な諸価値に加え、完全に精神的ではあるが(極めて重要な!)ヨーロッパ的諸価値を同時に防御しなければならない。それなくしては、平和で豊かな未来は考えられないであろう。

しかし、その性格故に、こうした難局は今日の知的エリートに重要な課題を強いることになる。それは国民の意志によっては成就できない仕事であり、少数の者たちの知識や研究によってしか達成できない職務である。この問題の政治的・経済的な局面に敢えて言及しなくても、自由主義時代をここ数年来支配してきた文化的分裂という事実を指摘することは可能である。諸芸術の領域にはそうした分裂はあまり存在しない。そこではヨーロッパ諸国間の歴史的絆が非常に濃厚なため、反対の動きを起こそうとしても、交換や相互的な影響が存在し続けるからである。簡単な比較による総合さえ試みられないまま——それは万人にとって極めて有用であったろう——、持続的な接触を失い、ばらばらな方向に進んでしまったのは、むしろ知的生活での意識的表現や、異なる国々の哲学・科学の傾向であった。晴朗な知の領域においてさえ同意や相互理解があり得ないとなれば、われわれが実際的な問題レヴェルで真のカオスに直面しても何ら驚くべきことではない。

従来は専門的な研究や個々の芸術表現にだけ没頭してきた評価の高い重要な人物たちは、ここ数年間で、ついにこうした事態に気づくことになった。彼らは、この大陸中に散らばるそうした試みを結集することが火急の必要だと悟ったのである。精神生活が既存の狭い境界枠のなかで無頓着に展開されるということはもはや不可能であった。ヨーロッパ国家すべての創造力を一体化することが義務と化したのである。

そして、彼らはこのことを悟るや否や、実際には深刻な分裂は存在しなかったし、同じような傾向や展開は無意識的にすべての国々で生じていた、という洞察に達したのである。ヨーロッパが並行＝類似的であるという考え方の最たる根拠は間違いなく以下の点にある——われわれの文明の生き残りを懸念する人たちには、誰にでも同じ問題が課されていること。あらゆる個別＝排他主義にもかかわらず、それを巡って何らかの規制＝秩序化が起こりうるような、一つの固定化された極が存在すること。こうしたことが精神的なレヴェルで達成され、より一般的な洞察と化した暁には、それとは別の、より実際的な結果が直ちにもたらされることになるだろう。

ポール・ド・マン

＊"Inhoud der Europeesche Gedachte / Content of the European Idea", *Het Vlaamsche Land*, 31 May-1 June 1942

批評と文学史

一九四二年六月七―八日
『ヘット・フラームスへ・ラント』紙

どうすれば歴史的方法論の有効性を判断できるのか、という問題は、文学史を他の方向に導き、そこにより深遠な精神的内実を与えようとする人たちによって何度も提起されている。実際、そのような方法については、現代の事実にそれを適用すること以上に優れた試金石を見出すことはできない。歴史的方法が現代事情の研究にも利用され、様々な運動や諸傾向を明快に概説することができるなら、それによって歴史的な仕事すべての主要目標――既存の諸条件を批評的＝批判的に検討するための指針となること――は達成されることになる。こうした知(識)が今われわれの周りで生じている事態に判断を下すことを教えてくれないとすれば、過去と触れ合い、そのあらゆる局面を推測することがいったい何の役に立つというのか。われわれが歴史に求めるのは、過去の文明の独特で生き生きとした側面を示してくれることではない――そのようなことに時間を浪費し続けてもあまり意味がないからである。しかし、われわれが絶えず過去を参照するのは、われわれの人格や周囲の世界がいわばこの過去に規定されていて、以前に生じたことを考慮しなければ、自身の意見――行為は言うまでもない――を自覚的にコントロールできないことを直観的に感じているからである。こうした追想により、未来の相貌が予測可能になることは間違いない。とはいえ、それを予測するには、われわれの手段はあまりにも限られている。だが、それでもなお、そこから人類の運命についての一般概念――それは、歴史の曲折的な流れを決定づけるような知的思潮が去来することで、周期的に攪乱される――を引き出すことは可能である。

したがって、過去がわれわれの注意を喚起するのは、われわれの現在をよりよく理解させるからである。言い方を換えると、このような見解を芸術史の調査・研究といった領域に適用しても、それだけでは何の価値もない。こうしたことが正当化されるのは、一般的な批評に関わる場合だけなのである。個人的・一時的な印象のみに頼る批評、衝動的な興奮から発する批評には、いかなる価値もない。それには永続性がないからだ。他方、情報のかけらを発見する以上の目的を持たないような歴史、特定の時代〔あるいは特定の人物〕の記述だけに限定し、その時代〔あるいは人物〕の一般的な意義を示唆しないような歴史は、好事家たちの滑稽な気晴らしに過ぎない。そして、最近は、歴史家たちも批評家たちも、そうした誤った道に迷い込む傾向が極めて強いように見受けられるのだ。

このような観察を例証するには、ここ数年の間にパリで刊行された、現代フランス文学を取り扱う二冊の著作に言及するだけで十分である。一冊はマルセル・レーモンが詩だけに限定した書物〔『ボードレールからシュルレアリスムまで』(Marcel Raymond, *De Baudelaire au surréalisme: essai sur le mouvement poétique contemporain*, José Corti, 1940)〕。もう一冊はあらゆるジャンルをカヴァーするルネ・ラルーの書物〔『現代フランス文学史』René Lalou, *Histoire de la littérature française contemporaine*, 2 vol., Presses Universitaires de France, 1940-41)〕である。どちらも概ね一八七〇年から一九四〇年の時期を主題にしているため、その対照性は明白である。

二人の著者――彼らの広範な読書と優れた鑑識眼には議論の余地はない――が達成した成果にはなんと大きな違いがあることか！　ラルー〔の著作〕を読むと、途方もなく混沌とした印象を覚える。幾百もの名前が掲げられ、雑多に混ぜ合わされた理論や試論が読者の眼前で渦を巻いている。読者は、思いもよらぬ迷宮のなかで、指針となるべき原理を空しく探し求めることになる。これらの作品全体にはほんの僅かな統一性もない、というのは本当だろうか？　互いに間近で仕事をしているこれほど多くの芸術家たちに何も共通するものがない、というのははたして本当だろうか？　ここに名を挙げられている才子たちにはいかなる集合的な動きも存在しないのか？　この文学史を読む者は、これらの問いに否定的に回答する〔「ない」〕、「存在しない」と答える〕しかないだろう。読者がその読みから引き出せるのは、異常に入り組んだ錯綜だけだからである。

レーモンの場合、問題はまったく別である。著者は序文において既に次のように予告している。「私には、その輪郭が至る所に立ち現われるような一本の力線が、ロマン主義以降の詩的な動きを統御していると思われた」。つまり、錯綜ではなく、一本の線、一つの方向が存在し、その周りであるはっきりとした秩序づけが生じている、ということである。相互的な影響やグループ化といった微妙な作用は突然気紛れに生じるのではなく、ある法則に従っているように見える。行動や創造にはある確かな同質性、画一性が存在する。つまり、すべての世代の詩人たちは、すべてのメンバーに固有の審美的規律を有しているということである。他方、ある確かな連続性も存在する。一つの世代はそれに先立つ世代を論理的に引き継ぐ。各世代は先駆者たちの方式をよりいっそう深化させるか、それが完全に疲弊している場合には、刷新を模索したり旧来のルールに対抗する——あるいは無効を突きつける——という意味である。これは結局のところ、旧来のルールが——たとえ否定的な意味においてであれ——決定的な影響力を行使する手段に留まっている、ということである。手短に述べるなら、この研究から立ち現われる現代フランス詩は、部分部分が相互に調和する見事に完成された全体、内的一貫性を有する創造的な現象なのである。

現実に呼応しているのは、疑いなく、このレーモンの著作が与える印象の方である。不自然な単純化に対しては大いに慎重でなければならないが、様式というものが僅かな統一性も持たない個々ばらばらの作品群から生じると考えることは、やはり控えるべきである。結局のところ、様式というものは一つの同じ歴史的・時間的な線上にある国民によって生み出されるのだ。様式の発展は恣意的・個人的に決定されるのではなく、個々人の行為を通じて仮借なき作用を及ぼすような諸々の力と連動している。執筆、絵画制作、作曲を自由に為しうる者は誰一人いない。また、時には、この上なく恐ろしい出来事——戦争や革命——でさえ、創造的形式の漸進的な発展や開花を妨げる——もしくは刺激する——ことができないこともある。芸術家自身が意識しないような審美的決定論がある程度は存在するが、それは歴史の最中に立ち現われるものと同じである。このような決定論は、結局のところ、少数の不変項を巡って作動する。したがって、こうした組織的な進化法則を明確にしなければ、事柄に誤った印象を与えることになる。ラルーの混沌とした世界はわれわれにとって衝撃的な光景というだけではない。それは現実に対する誤った解釈なのだ。マルセル・レーモンの統一性への傾きは、論理的一貫性に対するわれわれの自然な衝動を満足させるだけではない。それは現実として認識されるものを忠実に再生しているのだ。

ラルーの失敗――それは、この記事の冒頭で提示された問題にわれわれを引き戻す――は、彼の批評的方法および歴史的方法に帰すことができる。彼の批評には一つも動機が与えられていない。それは、吟味中の作品に感化された自身の心情を主観的に再生しているに過ぎない。無論、こうした表現が独創的な才能とともに提示されるなら、高度な芸術的価値を持つこともありうる。ラルーに関して言うなら、読者は彼の著作のなかで、極めて粋な美しい頁と遭遇することになるだろう。だが、この一線を越えてしまうと、われわれが相手にしているのはもはや批評ではなく、個人的な創作ということになってしまう。それはまったく別の領域なのだ。彼の歴史的な記述にも、先に述べたような欠陥が存在する。それが問題にしているのは永続的な意味ではない。それは、ある時代の考察から、(現代も含め)他のすべての時代に適用可能な恒久的諸要素を引き出そうとはしない。その結果、緊密に結ばれているはずの二つの部分(批評的方法と歴史的方法)は分断を余儀なくされる。つまり、批評は意味のない無益な感情表明に、そして歴史は役に立たない退屈な項目列挙に成り果てるのだ。

批評と文学史は互いに同調しなければならない。そのとき初めて、両者は芸術作品および芸術家研究の有効な道具となるのである。

＊ "Critiek en Literatuurgeschiedenis / Criticism and Literary History", *Het Vlaamsche Land*, 7-8 June 1942

ポール・ド・マン

フランス詩の現代的諸傾向

一九四二年七月六―七日
『ヘット・フラームスへ・ラント』紙

フランス詩人たちの創作に現在示されている方向は、前世紀来このジャンルの発展を決定づけてきた二つの偉大な実験——象徴主義とシュルレアリスム——によって左右されている。これらふたつの運動がもたらした深遠な影響を考慮しなければ、現代の詩的創作の本質や価値はたぶん理解できないであろう。シュルレアリスムのような現象を、それが属する歴史的な枠組みのなかに労を惜しまず位置づけていたら、どれほど多くの理解不足や誤解〔釈〕が回避できたであろう！　そのときには、こうした試み本来の射程が理解され、スノッブたちの気取った賞賛や〈俗物たち〉の嫌悪を巻き起こした衝撃的な諸要素は、真の意義へと引き戻されていただろう。

シュルレアリスムが奇態な傾向とみなされたとすれば、それは何よりも先ず、この運動がフランス文学の伝統と深く断絶したからである。それまでは、理性と論理の優位性がフランス国民の芸術創作を特徴づけるものとして頻繁に強調されてきたのだ。

フランスの支配的原理は常に整序的な知性であるため、最終目標とされるのは理性的な知識である。詩にもまた、そうした国民的な性格が影を落としているし、一七世紀の古典主義の完成はこのような識見にすべてを負っている。というのも、あの十分に考え抜かれ完成された申し分ない詩形式、心理的知識に溢れる詩形式——それはラシーヌの悲劇において頂点に達した——は、そこから生じたからである。フランス独自の傾向を完璧に表現するこうした芸術形式は長らく絶大な力を振るい、一つの模範となるだろう。一八世紀に哲学的および社会的レヴェルで目撃された深刻な変化も、この確立された審美学の堅固な規則をほとんど脅かすことはなかった。ロマン主義——ユゴー、ミュッセ、あるいはヴィニーのロマン主義——も詩的テーマの刷新を図りはしたが、理性的なものの枠組みを手放そうとはしなかった。感情や感傷的な衝動といった空気が以前より強調されてはいる。だが、それらは一般的妥当性を有する精神の枠内に常に留まっており、明敏な知性が持て余すような危険地帯には決して手を伸ばすことはない。

こうした姿勢と最初に決別したのはボードレールである。彼の内には一つのヴィジョンが姿を見せている。それは精神と感情の論理的関係を提示するのではなく、地上にある事物の間に、条理では説明のつかないような、より深遠で直感的な照応を見出している。「万物照応」という大変有名なソネットは、自然と、人間の内的本質・体験との神秘的な融合を見事に表現した詩である。ボードレールのこうした着想には最大限の重要性が認められる。それはフランス詩の発展において、一つの転換を意味しているのだ。というのも、フランス詩は、それまで何年もの間足を踏み入れようとしなかった無意識や不可解といった暗黒の領界に、このとき初めて立ち入ることになったからである。

ボードレールが彼の後継者である象徴主義者たちに及ぼした影響は甚大であった。驚嘆すべき才能に恵まれたこうした詩人の多くは、ボードレールが半ば無意識的に手を染めていた不合理なものの探索を続行することになる。マラルメにとって、詩とは「本質的なリズムに引き戻された人間の言語によって存在の神秘的な意味を表現することであり、それこそがわれわれの〔この世での〕滞在に真実味を与え、唯一の精神的な責務となる」からである。古典主義者たちの明晰で調整された創作とは遥かな隔たりがある。理性＝条理との絆が一旦断ち切られてしまうと、無限に豊穣な世界に足を踏み入れることになるが、そうした世界を理解し明らかにすることは困難——事実上は、ほとんど不可能——である。だが、象徴主義者たちはそれでもなお、そうした主観的な自己認識に無条件に立ち入り、それを表現する手段を執拗に追究しようとしているのだ。「詩人でありたいと望む者の最初の課題は、自らを完全に知ることである」と、ランボーは記している。「彼は自身の魂を探求し、自己を精査する。己の魂を唆し、それを学び知る。それを確認したなら、すぐさまそれを養い育てなければならない。……彼は未知なるものに到達するのだ！」

この新たな方向性――それはドイツ・ロマン主義の方向性と極めて正確に呼応する――は、フランス精神にそぐわない何かを内包しているように思われる。象徴主義が独創的な国民形式へといかにゆっくり進化していったのかをここで示すには、多大な紙幅が必要とされよう。そうした経緯はこの一派への数知れぬ反発――なかでも典型的なのは、シャルル・モーラスの「ロマニスム」である――を見れば明らかである。また、象徴主義者たち自身もフランスの万古不易な傾向にある程度魅了されている。例えば、ポール・ヴァレリーのようなマラルメの熱烈な崇拝者においては、この師の不条理でロマン主義的な傾きと古典的伝統への要求が独特精妙な形で――結局は、非調和的な形で――寄り添っている。この極めて非凡な変形をここでたまたま話題にしたのは、それとの類推によって現在の状況がよりよく理解されると考えたからに過ぎない。

この時代に意識的に研究され賞賛された象徴主義とドイツ・ロマン主義から、シュルレアリスムは誕生した。象徴主義者たちがボードレールを深化させたように、シュルレアリストたちは先駆者たちの実験を引き継いだ。彼らは、あらゆる外的対立が融解し、一つの崇高な統一性が現出するような地点にまで入り込もうとしたのである。

「生と死、現実的なものと想像的なもの、過去と未来、伝達可能なものと伝達不可能なもの、高いものと低いものが、そこから先ではもはや対立的と感じられないような精神の段階＝地点が存在すると、どうしても考えざるを得ない。ところで、シュルレアリスムの活動に、そうした地点を見定めるモデル以外のものを求めるのは無益であろう」(アンドレ・ブルトン)。ブルトンはさらに続ける。「人は、神秘的と言われるある方法によって、五感にも測り知れず、悟性でも自由にできない別の宇宙を直接的に知覚することが可能になる……」。

これらの引用は、シュルレアリストたちの意図がいかに深く真剣なものであったかをまざまざと証明している。彼らが懸命に努力し手にしようとしたのは、ノヴァーリスがいとも麗しく誉め称えたあの完全調和の「〈黄金時代〉」に他ならない。彼らをこのような方向に導くことができたのは理性ではなく、神話や夢の自然力である。そして、そこから推し量られるように、こうした力は〔彼らの〕詩が取り扱うのに相応しい中味となっている。

ところで、これは理論的な洞察であり、理解されなければならないことを意識的に確認させるものであった。そして、この洞察には正当性がある。何故なら、何世紀もの間、ドイツがそこから芸術の重要な富を引き出してきたこうした精神態度の詩的深さについては、誰一人異議を差し挟む者はいないと考えられるからである。とはいうものの、シュルレアリストたちが実際に生み出すものは、彼らが追求する理論的価値とは遥かにかけ離れたものに留まっている。何よりも先ず、彼らは発見不可能な形式を探そうと、悪あがきを繰り返している。奇怪な創作行為(とりわけ絵画のことを考えていただきたい!)を実際に幾つか目にすれば、そうした悪あがきははっきりと確認されるだろう。こうした危険な暗礁を首尾よく回避できた人たちもいる。ルナールのような詩人は、自己の目標を達する表現方法を確実に掌握していると言えるだろう。だが、さらに若い世代においてさえ、完全に空理空論的な説明を積み重ねることが詩――創造力がほぼ皆無のため、詩が存在する、と述べるのもほとんど不可能である——の方針を強く決定しているという状況を考えるなら、現実的なもの——すなわち、フランス芸術の伝統的な本質——からの逸脱はまだそれほど過度に進行していないのではないか、と自問せざるを得ない。不条理なものと国民の知的伝統を混ぜ合わせることで詩の刷新を図ろうとする諸傾向間の闘いは、部外者にとって心躍らせる見世物となっている。だが、誰が勝者になるかを穿鑿《せんさく》したり、熱烈に希求しているかに見える濃厚なロマン主義的精神に、フランス文学がはたして徹底的に身を委ねることができるかどうかを予測したりするのは、まだまだ時期尚早と言うべきである。

ポール・ド・マン

＊ "Hedendaagsche Strekkingen in de Fransche Poëzie / Contemporary Trends in French Poetry". *Het Vlaamsche Land*, 6-7 July 1942

文学と社会学

一九四二年九月二七—二八日
『ヘット・フラームスへ・ラント』紙

フランス、ドイツの現代文学を比較する際、はっきりした違いが現われるのは、社会学的な洞察が存在するか否か、という点である。フランスの場合、人間は別々の個人として考察・分析されるだけだが、ドイツでは、個人と共同体の微妙な結びつきを小説作法の主要動機として利用するような試みが為されている。これは、この国〔ドイツ〕で目覚ましい発展を見た社会学的な学問――それはドイツ精神にあまりにも深く浸透しているので、芸術家といえどもそこから逃れることはできない――をただ単に継承しているということではない。このことは文学のみならず、社会学にとっても、無視できない資産なのである。

このような領域に拡張されることで、小説が驚くほど豊かになったことは言うまでもない。社会学のような学問が芸術的表現に利点を見出しうることの方が、むしろ逆説的に見えるだろう。現実的な学問＝知識が論理的-演繹的な方法よりも直接的・直観的な感性を選び取るというのは、一目見ただけで危険なことのように思われるからである。

しかしながら、こうした見解は社会学的な思考の特異性を何ら考慮していない。この思考の性質は〔厳密に〕科学的と言えるようなものではない。つまり、もっぱら精密な探究や数学的・論理的な一般化だけに頼るような研究ではないのだ。そのような方法で人間や社会の研究を遂行しようとした作者たちもいたが、結果的には無駄であった。彼らは克服できない同一の困難と常に向かい合うことになった。それは、科学的学問の第一条件である分析現象の分離がここではうまくクリアできない、ということである。不活性の物質や計測可能な諸力については、実験を行ない、変項の数を精確に見定めることができる。だが、社会に存在する生の複雑な様態を取り扱うとなると、われわれは決まって暗がりのなかで立往生してしまう。実際にわれわれが遭遇する状況――社会学的な観点から見れば、それだけが重要である――はあまりにも複雑で漠然としているので、量的な法則についてあれこれ言ってみても仕方ないのだ。物理学や化学の場合、原因となる要素と結果は切り離すことができない。われわれは、真水が沸騰し始める際の然るべき要因――温度や圧力の条件――を正確に知っているので、沸騰開始時における両要因の変化量を数学的な厳密さで見定めることができる。だが、社会学的な出来事の場合、それはまったく問題にならない。例えば、ある時期にある社会集団が形成された理由を確言をもって述べることはできない。その形成法則を定式的に定めることが不可能なのは言うまでもないだろう。

こうした障害に加え、社会学的な法則とは統計学的な法則である、という事実が存在する。つまり、社会学的な法則は個別の事例すべてに当てはまるわけではない。顕著に類似する多数の事実が個々の相違を消し去り、一般規則の提示を可能にするとき、それは初めて真の法則となるのだ。したがって、研究すべき現象を他から分離するだけではなく、そうした分離を幾度か繰り返す必要がある。実験室であれば、このような手続きは苦もなく達成されるであろう。つまり、そうした手続きは、事実上、存在し得ないということである。

そこで、悲観的精神の持ち主や偏見に囚われた人たちのなかには、科学としての社会学は存在不可能であると結論づける者もいた。こうした結論には不吉な帰結が重く纏わりついている。つまり、社会的な緊張が出来事の流れをどのような方向に追いやるのかが推測できないなら、秩序化・制御化された社会を実現するのはまず不可能だろう、という話になってしまうのだ。

すると、われわれは恣意性＝専断性のなかで生きることを永遠に宣告されていることになる。どうあがこうと、論理的に正当化できないなら、組織化の試みはすべて無益というわけだ。人は自然の力を理解し、それを利用することに成功してきた。ある程度までは、それを首尾よく制御してきたとさえ言える。だが、人は自身の生や仲間たちとの関係を統御＝整序する力をそなえてはいない、というわけである。

このような結論はあまりに否定的なため、およそ真実とみなすことはできない。過度の否定は事実と齟齬をきたすからである。それ故、純粋に条理的・科学的な方針に拠るのではなく、それとは別の方法によって社会学的な知を発見する可能性が存在しなければならない。そして、このことはドイツ社会学だけではなく、ドイツ社会学が文学に残した痕跡＝影響の内にも既に明瞭な形で姿を現わしている。頂点に君臨するとは言わないまでも、現在ドイツの最も偉大な文学者の一人として遍く賞賛されているエルンスト・ユンガーが、極めて非凡な社会学的研究書――『労働者』〔Ernst Jünger, *Der Arbeiter. Herrschaft und Gestalt*, Hanseatische Verlagsanstalt, 1932〕――の著者でもあるというのは、まことに時宜を得た話である。問題を体系的に分析するのではなく、直覚的に感知する一人の直観的精神の持ち主が、実践的にも優れた成果をもたらすような結果に到達する経緯を、われわれはここではっきりと目撃することになる。また、この場では簡潔に述べることはできないが、こうした営為はわれわれを知全般の最も深遠な問題の一つに導いていく。ここではとりあえず、次のことを指摘するだけに留めておこう。文学を科学的な訓練方法と考えることはできない。だが、社会学的な視点から眺めるなら、文学は理論的探究となおも共存可能である。そして、多くの場合、様々な地平を押し開き、理論的探究との共存がなければ想像すらされないような可能性を次々と提示することができるのだ。

ポール・ド・マン

＊ "Literatuur en Sociologie / Literature and Sociology", *Het Vlaamsche Land*, 27-28 September 1942

第四章　ポール・ド・マンと「物質性」に関する二つの解釈系列

それは言語の諸感情を剝ぎとられた空間、立方体の、平静な、あるがままの物質だった。言葉につくせぬ、無限の、永遠の空虚、岩の沈黙と堅さであり、平板さだった。

J・M・G・ル・クレジオ『物質的恍惚』

はじめに

「アレゴリー」、「出来事」、「機械」など、ポール・ド・マンが駆使するキー・ワードは極めて難解であり、それらの解釈をめぐっては今もなお様々な議論がなされている。統一的・総体的な認識装置や思考体系を徹底的に批判し続けてきたド・マンの仕事を考えるなら、それはむしろ当然と言えるのかもしれない。だが、その点を考慮してもなお、彼のキー・ワード群の晦渋さは特異と言わざるを得ない。それらはド・マン研究がある程度の進捗を示している現在においてさえ、依然、明快な定義や説明に達し得ないものとして留まっているのだ。

「物質性(materiality)」という枢要なキー・ワードについても事情は同じである[1]。いや、問題はそれ以上に大きいと言えるかもしれない。このキー・ワードについては、種々様々な解釈が提示されてきたというよりも、明確に異なる二系列の解釈が対立的に、そして時には微妙に混在する形で、提示されてきたからである。

「物質性」という抽象的な用語の概念・イメージを一義的・単一的に規定するのは困難だが、しばしば用いられる「文字の物質性」という表現は、おそらくこの用語の解釈を左右する決定的なメルクマールとして機能してきた。理由はおそらく次の二点に集約されるだろう。第一に、「物質性」という用語は本来、美学および美学イデオロギーの陥穽を暴露するために採用されたものであり、そこに「文字」の問題が必須の要素として介入してくるからである。第二に、この表現では、具象的なもの(文字)と抽象的なもの(物質性)が融合的および乖離的に結び合わされているからである。

先に指摘したように、ド・マンの「物質性」という用語には、判然と異なる二系列の解釈が提示されてきた。一つはこの用語を物質的・即物的なニュアンスから切り離し、あくまで理念的なものとして思念しようとするもの、そしてもう一つは、それを具象的なものとして――つまり、文字どおり「物質＝もの」として――思考しようとするものである。しかし、批評家・研究者のすべてが、いずれか一方の解釈に排他的に与しているわけではない。確かに、一方の立場だけを厳然と主張する者もいるが、これら二つの解釈が同一の批評家・研究者のなかで混然と同居していることも決して珍しくはないのだ。

二系列の解釈は明らかに乖離している。とはいえ、必ずしも矛盾してはいない。したがって、本章の目的は両者の正誤や優劣を決することではない。目的はそれとは別のところにある。ド・マンは「文字の物質性」という表現にいかなる問題を託したのか。それは主著のタイトルにも採用された「アレゴリー(allegories)」というキー・ワードとどのように連携しているのか。その点を探り、確認することが本章の主な目的となるだろう。

抽象的な理念としての「物質性」

レイ・テラダは、ド・マンの言う文字あるいは言語の「物質性」を美学および美学イデオロギーの完成を阻む「X」と表現している。[2]「X」とは言語が孕む未知(数)、予測し難い力という意味である。つまり、「X」とは具象的な世界には属さない言語の不可視の力、言葉では分節できないもの、言葉の表象力を超えたものを指し示している。ド・マンによれば、美学イデオロギーは「美的なるもの」の名のもとに、シニフィアンの戯れを削ぎ落とし、単一のシニフィエに回収し得ないものを「無害な地口や洒落に同化[3]」する。したがって、「X」すなわち「物質性」とは、それを阻む未知の力ということになる。「文字」にも無論そうした力は宿っているだろう。だが、それはあくまで理念的・抽象的なものであり、その姿を具象的に捉えることはできない。

このように、ド・マンの言う「物質性」とは具象的なものではなく、表象不可能な言語内的な力、すなわち、抽象的・理念的なレヴェルに属するものと考える論者は数多くいる。さらに言うなら、そうした力は言語内に留まらず、ポール・ド・マンという思想家自身の内部にも感知されると主張する者もいる。「ド・マン的な物質性とは、彼の思想内にある、「還元不可能な他者＝他なるもの」と呼ばれうるものだろう」[4]。ここでは、「物質性」という用語から、「物質」が持つ具象的なもの性が完全に剝奪されていると考えてよい。さらに例を加えるなら、マーク・レッドフィールドは「物質（性）」のみならず、文字までもが具象的な存在ではないと断言している。

ここで言う「文字」とは、インクにそなわる物としての性質（physicality）のことでもなければ、物理的現実性を有する分子や原子のことでもない。つまり、カント以前の唯物論（materialism）、仮想体（noumenon）、物自体（Ding an sich）といったものとはいかなる関係も有してはいないのである[5]。

レッドフィールドもまた、「文字」の具象的なもの性を認めない点で、テラダや論文集『物質的出来事（*Material Events*）』の編者たちと軌を一にしている[6]。だが、すぐに気づかれることだが、この一節にはそうしたレッドフィールドの立場に不穏な揺さぶりを与える語が密かに紛れ込んでいる。「仮想体」そして、イマヌエル・カントの「物自体」という概念である。「文字」は「物自体」とはいかなる関係も有してはいないと主張するとき、レッドフィールドはいったい何を言おうとしているのだろうか。彼が「仮想体」とは無縁のものと断言する「文字」は、それではどこに定位されるのだろうか。テラダの表現「X」には疑いなくカントの「物自体」という考えが反映されている。カントは「物自体」を経験的対象と区別して、「超越論的対象＝X」とも呼んでいるからである。つまり、「物自体」とは経験的・具象的なもの性の対極にあると想定される不可視の「仮想体」、「感性界」を超越した「英知界」であったはずだからである。(7)そうであるなら、レッドフィールドの先の発言は、「文字」を具象的なもの性から遠ざけると同時に、理念的・抽象的な領域からも締め出していることになるだろう。「文字」は結局どこにも定位されず、行き場を失ってしまうのだ。

「文字の物質性」という概念に対する理念的な理解はジャック・デリダの論考にも明確に現われている。デリダは、ド・マンの「文字の散文的な物質性(the prosaic materiality of the letter)」(8)という表現に注目し、次のように述べている。

> 文字の文字性＝字義性があらわにするのは文字のこの物質性ですが、それは文字が物理的な基体(substance)や感覚できる(審美的)基体となるからでも、物質であるからでもなく、すべての有機的で審美的な全体化と、すべての有機的な形式にたいする〈散文的な抵抗〉の場(le lieu de résistance prosaïque)であるからです。〔…〕
>
> 〔…〕
>
> 〔…〕物質性とは物ではなく、感性や知性で把握できる何かではないし、身体の物質でもないのです。物質性とは何かでも、何物でもなく、かの作用＝結果(œuvre)であり、働き、強制する無(rien)であり、抵抗する力であるのです。これは美しい形式にも、実質的で有機的な全体性として物質にも抵抗するものです。(9)

デリダもまた、視覚や聴覚によって具象的に把握・感知されるようなもの性の外部に「物質性」という概念を位置づけている。つまり、「物質性」とはあくまでも不可視の力であり、審美化の作用——すなわち、有機的な統一化や全体化——に抗する「抵抗の場」に他ならない。『パピエ・マシン』に収められた「タイプライターのリボン——有限責任会社Ⅱ」というこの論考を読む限り、デリダが考える「物質性」という言葉には、テラダの「X」同様、具象的な要素が介入する可能性はまず存在しない。だが、「物質(性)」の問題を議論するときのデリダにも、実はレッドフィールドの場合と同じように、逆向きと思われる思考が生じる(正確には生じた)ことがある。それについては、後に確認することにしたい。

具象的なもの性としての「物質性」

「物質性」をあくまでも理念的な力、不可視の効力のようなものとして思念する立場があることは無視できないが、それでもなお、この概念には具象性から完全に切り離し得ないもの的な側面があることも確かである。何故なら、ド・マンは『美学イデオロギー』に収められた「ヘーゲルの『美学』における記号と象徴」という論考において、以下のように明言しているからである。

芸術が相手にしている世界というのは、石であれ色であれ音であれ言語であれ、ともかく

物質的《マテリアル》な世界であることは間違いないが、そうした物質的世界と精神とのあいだを媒介するものこそ象徴なのである。(10)

この一節が示すように、ド・マンの言う「物質性」を理念的・抽象的なものとしてのみ措定することはできない。とりわけそれが「文字」に関する場合(「文字の物質性」)、「文字」の可視的な側面、すなわち、物理的・即物的な側面を無視することは許されないだろう。「物質性」という概念にそなわる物理的・即物的な側面をどう理解し、解釈するかは確かに極めて難しい問題だが、それを巧みに説明し得ていると思われる二人の論者に注目してみることにしよう。

ド・マン研究の現代をリードする立役者の一人であるマーティン・マックィランは、(11)「語を綴るときにはいくつかの意味のない文字を口に出し、それらはその語のなかでひとつに結びつきますが、しかし、そのひとつひとつの文字のなかには語は現前しません」(12)というド・マンの一節に言及したあと、「魚(fish)」という具体例に即して、次のように述べている。

「魚」(fish)という語の意味はそれを構成する文字——f, i, s, h——のどのなかにも存在せず、その全体のなかに存在する。ド・マンにとっては、文字の意味と語の意味は完全に独立したものであり、互いに相容れないものなのである。(13)

ド・マンが「いくつかの意味のない文字」あるいは「ひとつひとつの文字」と言うとき、また、マックィランが文字を物理的・即物的な形（f, i, s, h）や音として説明するとき、「文字」は明らかに意味のないものとして具象的に現前している。これは疑うことのできない事実である。

既に指摘したとおり、「イェール学派」の中心人物の一人であったJ・ヒリス・ミラーは、自らが編集に加わった論文集『物質的出来事』の序文（編者による共同執筆）において、ド・マンの「物質性」という概念を理念的・抽象的なものとして思念する立場に与している。だが、同じ論文集に収められた自らの論考では、それとはいささか異なる見解を表明しているように考えられる。つまり、「物質性」という概念からは、物理的・即物的な側面（もの性）を完全に排除できないことを告白していると思えるのだ。マックィランは「物質性」にそなわる具象的なものとしての側面を目に見える「文字」のうちに見て取ったが、ヒリス・ミラーはそれを耳に聞こえる無意味な「音」のなかに探り当てている。彼はイギリス・ロマン派の詩人アルフレッド・テニスン（一八〇九―九二年）が幼少時代に経験したとされる出来事に言及しながら、次のように述べている。これは無論、ヒリス・ミラー自身の経験でもありうるし、われわれすべての経験でもありうるだろう(14)。

結局、語や語群はこのように繰り返し口にされることで言葉としての意味を奪われ、単なる不可解な音となり果ててしまう。それはちょうど幼き日の詩人テニスンが「アルフレッド、アルフレッド、アルフレッド」と自身の名を何度も何度も繰り返し口にした結果、それがまったく意味をなさなくなり、一種の茫洋とした恍惚状態（oceanic trance）(15)に追いやられてしまった体験と似ている。私もここで「ヒリス、ヒリス、ヒリス」と言ってみますので、皆さんもご自身の名前でお試しになってみてください(16)。

ヒリス・ミラーがここで主張しようとしているのは、名前なども含め、われわれが通常何らかの意味を担っていると信じている語や音には本来何の意味もそなわっていない、ということである。換言するなら、意味とは、どこまでも無機質な「文字」や音に恣意的に書き入れられる「物語」——すなわち虚構——のようなものに過ぎない、ということだ。マックィランの卓抜な説明を借りるなら、われわれは本来的には何の意味も有しないはずのf, i, s, hという文字＝物質の集合体に「魚」という意味を恣意的に付与し、「「魚」という比喩全体を幻想として経験している」(17)ということになるだろう。

テニスンやヒリス・ミラーの体験は決して心霊体験のような特別なものではない。それは誰もが遭遇しうる、至って人間的な現象なのだ。われわれはそれを文学テクストの枢要なテーマとして抽出することもできる。以下にその一例を提示してみることにしよう。

中島敦の「文字禍」

「文字禍」、「悟浄出世」、「かめれおん日記」、「狼疾記」など、中島敦(一九〇九—四二年)のテクストには「文字」にまつわるテーマが頻出する。さらに言うなら、「歴史」、「出来事」、「器械＝機械」、「自由意志＝意図」といったド・マン的なテーマも凝集している。

ド・マン的な感覚と酷似する物質的な文字観は中島のテクストの重要なモチーフのひとつだが、そうした文字観は、まさに「文字禍」（一九四二年）と題された短編テクストに凝縮された形で現われている。アッシリアのアシェル・バニ・アパル大王に未知の精霊――「文字の霊」――について研究するよう命じられた巨眼縮髪の老博士ナブ・アヘ・エリバは、その研究の最中、奇妙な感覚に捉えられ愕然とする。

その中に、おかしな事が起った。一つの文字を長く見詰めている中に、何時しか其の文字が解体して、意味の無い一つ一つの線の交錯としか見えなくなって来る。単なる線の集りが、何故、そういう音とそういう意味を有つことが出来るのか、どうしても解らなくなって来る。老儒ナブ・アヘ・エリバは、生れて初めて此の不思議な事実を発見して驚いた。今迄七十年の間当然と思って看過していたことが、決して当然でも必然でもない。彼は眼から鱗の落ちた思がした。単なるバラバラの線に、一定の音と一定の意味とを有たせるものは、何か？　ここ迄思い到った時、老博士は躊躇なく、文字の霊の存在を認めた。〔…〕どうして単なる線の集合が、音と意味とを有つことが出来ようか。(18)

この老博士の発見は、「魚」という語の意味はそれを構成する文字――f. i. s. h――のどのなかにも存在しないというマックィランの指摘や、ヒリス・ミラーの語る詩人テニスンの恍惚体験――「アルフレッド、アルフレッド、アルフレッド」という反復的な呟きが意味のない無機質な音声に変じていくこと――を彷彿とさせる。(19)「文字」とは本来「単なるバラバラの線」、「単なる線の集合」、すなわち

「物質」に過ぎない。中島敦が別のテクスト（「悟浄出世」（一九四二年））で用いている表現を借りれば、「文字」はまさに「死物」[20]なのだ。

こうした現象は「文字」の審級を超え、身の回りのあらゆるものに波及する。つまり、人間が意味を付与してきたすべてのものから、その意味が奪い取られる。否、意味を付与されてきたすべてのものが、本来的なものの性に立ち還る、と言った方がむしろ正確かもしれない。

> 其の時、今迄一定の意味と音とを有っていた筈の字が、忽然と分解して、単なる直線どもの集りになって了ったことは前にも言った通りだが、それ以来、それと同じ様な現象が、文字以外のあらゆるものに就いても起るようになった。彼が一軒の家をじっと見ている中に、その家は、彼の眼と頭の中で、木材と石と煉瓦と漆喰との意味もない集合に化けて了う。之がどうして人間の住む所でなければならぬか、判らなくなる。人間の身体を見ても、其の通り。みんな意味の無い奇怪な形をした部分部分に分析されて了う。[21]

では、そもそも「単なる線の集合」でしかないもの（「文字」）が、何故ある特定の音や意味を持つことができるのか。あるいは、何故そうした特定の音や意味と疑似必然的な関係を取り結ぶことができるのか。表現は異なるものの、中島がこのテクストで話題にする「文字の（精）霊」は、ド・マンの言う「美学イデオロギー」と同種の趣を呈している。何故なら、中島が提起しているのはまさに「文字」の恣意的＝権力・暴力的な指示機能およびその縮減不可能性という問題であり、ド・マンの「美学イデオロギー」批判の核心もまさにそこにあったからである。言語と指示対象の関係は確かに恣意的だが、言語と指示機能は決して切り離して思念することはできない。ド・マンの言語論もまたそうした前提を出発点としている。「言語には指示機能が縮減不可能なものとしてそなわっている」[22]。言語に指示機能がないとすれば、言語はそもそも言語として存在し得ない。問題は、言語にいかなる指示機能が与えられてしまうのか、ということであり、そうした指示作用がいかに恣意的・暴力的な逸脱を孕んでいるか、ということである。本来的には「単なる線の集合」でしかないもの（「文字」＝「物質」）に、特定の意味や指示対象を排他的に割り当てること。ド・マンが「（美学）イデオロギー」という言い方で批判の対象にしているのは、まさにそうした権力＝暴力性である。

しかもそうした言語の指示機能はいやおうなく逸脱せざるをえないということ、こうした事情のうちに「イデオロギー的逸脱」は「内在」している、というわけである。それにしても、指示作用や指示機能「にかんして」、それをいやおうなく生じさせているもの、しかもそれをいやおうなく逸脱的なものにしているものとは、いったい何なのだろうか？　言い換えれば、きわめて「非現象的」な言語学の場合でさえ、指示作用の再現象化をいやおうなく生じさせ、したがってイデオロギーをいやおうなく生じさせているものとは、いったい何なのか[23]？

中島敦はド・マンが「（美学）イデオロギー」という言い方で摘発した暴力性の根源とも言うべきものを「文字の（精）霊」と表現している。それは「イデオロギー」と同じく、「媚薬の如き奸猾な魔力[24]」を発揮し、われわれ人間を欺き続ける——「わし迄が文字の霊にたぶらかされるわ[25]」。「文字の精は野鼠のように仔を産んで殖える[26]」。そして最後には、人間を「主体」の位置から引きずりおろすのだ。

此の文字の精霊の力程恐ろしいものは無い。君やわしらが、文字を使って書きものをしとるなどと思ったら大間違い。わしらこそ彼等文字の精霊にこき使われる下僕じゃ[27]。

このように、老儒ナブ・アヘ・エリバの恐れる「文字の精霊」は人間から「主体性」を奪い、柔軟で自発的な思考能力を掠め取る（「文字が普及して、人々の頭は、最早、働かなくなったのである[28]」）。こうした状況は、「文字」という「物質」——「単なる線の集合」——に恣意的かつ権力的に刻み込まれた特定の意味だけを特権視し、それだけが本来的な意味だと錯誤している人間たちの姿を思わせる。ド・マンが鋭敏に指摘するように、「記号は、自分が何を言おうとしているかについては、実際には何も言わない[29]」。記号＝文字に特定の事柄＝意味内容を語らせ、それを唯一正当なものとして流通、固着させるもの。それこそまさに、ド・マンが「イデオロギー的逸脱」という言い方で批判している言語装置に他ならないのだ。

ところで、中島敦のテクストが興味深い理由はもう一つある。それはド・マンと同じく、「文字」——あるいは「文字の物質性」——の問題が「歴史」の問題と密接に関係づけられている点である。

ド・マンは多くの歴史家たちが使用してきた「事実（facts）」あるいは「史実」という用語に「出来

事(events)」という用語を対置している。「出来事」とは因果関係の外部で無作為に到来する一回限りの現象を意味する。したがって、個々の「出来事」の間に必然的な結びつきは存在しない。われわれがそれらを結びつけ、そこに必然的な関係を措定するのは、いわば審美的な欺瞞――「美学イデオロギー」――なのである。ド・マンは『ロマン主義のレトリック』に収められた論考「汚損されたシェリー」のなかでパーシー・ビッシュ・シェリー(一七九二―一八二二年)の詩篇「世俗の勝利」に触れ、次のように述べている。

> 『世俗の勝利』は、行為であれ、言葉であれ、思考であれ、テクストであれ、何ものも先行する、後続する、あるいは他所に存在する何かと肯定的あるいは否定的に関連して起こるのでは決してなく、ただ無作為な出来事(a random event)としてのみ起こるということ、そしてそうした出来事の力は死の力のように、生じることの無作為さ(randomness)に帰せられるということをわれわれに言い渡している。それはまた、それらの出来事がなぜ、どのようにして、誤謬の露見にもかかわらず繰り返される、歴史的・審美的な回復システムのなかで再建されなければならないかをわれわれに警告している。(30)

意味とは無縁な「物質」としての「文字」に意味が恣意的・暴力的に刻み込まれるように、無作為に生じる「出来事」の間に統一的な繋がりが措定され、それがやがて「歴史」――そして時には「正史」――として定立される。しかし、それはあくまで虚構として仮構された「物語＝歴史(histoire)」

に過ぎない。つまり「出来事」の一回性・単独性は、「歴史的・審美的な回復システム」によって否応なく抑圧・滅却され続けるのだ。

同種の問題は中島敦の「文字禍」でもまた提起されている。ある日、老博士のもとを訪ねてきた若い歴史家イシュディ・ナブは、前者に対し「歴史とは何ぞや?」と唐突に質問する。歴史家が「歴史とは、昔、在った事柄をいうのであろうか? それとも、粘土板の文字をいうのであろうか?」と言葉を継ぐと、「歴史とは、昔、在った事柄で、且つ粘土板に誌されたものである。この二つは同じことではないか」と老博士は苛立ち気に答える。[31] この回答にある「昔、在った事柄」と「粘土板に誌されたもの」がド・マンの言う「出来事」と「事実」にほぼ符合することは明らかだろう。老博士は結局、歴史を「粘土板に誌されたもの」、すなわち「文字」と同一視し、それに疑いを抱く歴史家を「〔文字の〕霊の毒気に中ったためであろう」[32]と一蹴するのだが、毒気にあたっているのはむしろ老博士の方かもしれない。何故なら、老博士は聡明な歴史家が提起した根本的な問題――「出来事」と「事実」の関係――をいともあっさりと切り捨てているからである(「この二つは同じことではないか」)。若き歴史家の疑問は極めて正当と言わなければならない。ド・マン的な言い方をするなら、彼もまた「出来事」と「事実」の違いを明確に意識し、アーサー・C・ダントやヘイドン・ホワイトらの方法論――「ヒストリオグラフィ(historiography)」――を彷彿させるような疑問を「歴史(学)(history)」に突き付けているのだ。

「文字禍」以外のテクストでも同種の問題は頻繁に顔を覗かせる。例えば、「かめれおん日記」の語り手は、物事を系列的・歴史的、あるいは統一的・審美的に理解することへの疑念、物事の出来事性を配慮することの意義を遠慮がちに吐露している。「ものを一つの系列――ある目的へと向って排列された一つの秩序――として理解する能力が私には無い。一つ一つをそれぞれ独立したものとして取上げて了う」(33)。こうした「私」の能力不足は「歴史」を思考する際、はたして障害となるであろうか。決してそうではあるまい。表現は消極的だが、「私」のこの述懐には審美的な統一化・秩序化に対するアイロニカルな批判が込められている。「私」にとってもまた、一つ一つの物事は因果性の外部で無作為に生じる一回限りの「出来事」に過ぎない。つまり、この語り手は、シェリーの「世俗の勝利」について語るときのド・マンと極めて近しい位置にいるのだ。

デリダとジョンソンのポンジュ論

先に見たように、デリダは論考「タイプライターのリボン――有限責任会社Ⅱ」において「物質性」を具象性の外部に位置づけ、視覚が捉える「物質」――石や線分――とは完全に無関係なものとみなしていた。しかし、それに先立つ一九七五年、デリダはスリジー＝ラ＝サールのコロック(シンポジウム)で興味深い講演を行なっている。テーマは「物の詩人」と称されるフランシス・ポンジュ(一八九九―一九八八年)の詩学である(この講演はその後書物(『シニェポンジュ』)としてまとめられ、一九八四年に英語版が、そして一九八八年にフランス語版(34)が出版されている)。

ド・マンの「物質性」に関わる解釈の場合と同じく、この詩人の「物(choses)」に対する姿勢についても、見解はやはり二分されるであろう。つまり、それを知覚を超えた理念的・超越的なものと捉えるか、意味以前の具象的なものとして把握するか、のいずれかである。ド・マンの高弟の一人バーバラ・ジョンソンはポンジュの詩作を取り上げた「物の詩学——メアリアン・ムアとフランシス・ポンジュ」と題する論考を次のような一文から始めている。

現代詩はしばしば人間性から最もかけ離れたものを把捉しようとする——〔それは〕実際にあるがままの世界、人間の利害＝関心によって歪められていない世界、さらに言えば、審美的＝美学的な形式で形作られていない世界である。[35]

ジョンソンのこうした言い方は、彼女自身もすかさず述べるように、カントの「物自体（Ding an sich）」を想起させる（「人間の知覚に汚されていないものというこの概念自体、歴史を通じて存在する執拗な幻想である。カントはそれを物自体と呼んだ[36]」）。「物自体」とはあくまで知覚を超えた理念的なものであり、ジョンソンの言葉を借りるなら、「五感から独立した純粋な英知〈神〉の知[37]」ということになるだろう。つまり、ジョンソンはポンジュの詩的実践を知覚＝五感では捉えられない存在——"phenomena"に対する"noumena"——を把捉する試みとして理解しているように見える。[38]

だがその一方で、「人間の利害＝関心によって歪められていない世界」、「審美的＝美学的な形式で形作られていない世界」という表現は、「物質性」をめぐるド・マンの議論と密かに共鳴し合っている。ジョンソンは「物自体」という発想を「幻想（fantasy）」と明言しているし、その後の議論は言葉の意味ではなく、むしろ「文字」の物質的な形状へと傾斜していくからである。ポンジュは「それ

〔牡蠣〕は頑固に閉ざされた世界だ(C'est un monde opiniâtrement clos)」という自作の表現を、「牡蠣は頑固ではない!　(L'huître n'est pas opiniâtre!)」と非難されたとき、自分が"-,"tre"という語を多用するのは、「牡蠣(huître)」という語の語尾を考えてのことだ、と憤慨気味に応じている。つまり、「彼〔ポンジュ〕は意味(sense)のためではなく、文字(letters)のために、それらの語を選んだ[39]」のだ。

デリダに話を戻そう。彼はポンジュのテクストをどのように読んでいるだろうか。『シニェポンジュ』では一つの具象的な「物質＝文字」が前景化されている。それは言うまでもなく「スポンジ(éponge)」である。この単語が選ばれたのは、そこに詩人ポンジュ(Ponge)の固有名が具象的な「文字」として潜んでいるからだが、この「物(質)」——あるいはイメージ——には、文字言語の相反する性質が鮮やかに体現されている。デリダによれば、「物」とは何よりも先ず、沈黙する「他者(l'autre)[40]」である。つまり、「物(質)」としての「スポンジ」は、決して語らないもの、意味とは根本的に無縁なもの、ということだ。「物」はわれわれに語りかけることなく訴えかける。そして訴えかけられたわれわれは、それに対して「いかなる一般的な法も媒介することのできない絶対的な敬意[41]」を差し出さなければならない。デリダの卓抜な表現を借りるなら、言語や意味作用の本質を問うためには、「われわれの対象＝物に立ち戻らなければならない。さらにもう一度、われわれの考えをきれいな水ですすがなければならない[42]」ということになるだろう。これは、美学イデオロギーという暴力——すなわち、「物質」としての「文字」に意味を恣意的＝専断的に記入するという暴力——を暴き出そうとしたド・マンとおそらく同じことを主張している。「スポンジ」が雑多なものを無作為に吸収するように、「文字」はあらゆる意味を恣意的に受け入れる(あるいは暴力的・権力的に強制される)。「スポンジはありとあらゆる相反するもの、固有なもの＝清潔なものへも非－固有なもの＝不潔なものへも整えられている〔差し出されている〕。〔…〕スポンジは〔…〕状況次第で風、清潔な水、あるいは汚い水で満たされる」[43]。デリダの「スポンジ」は具象的な「物質」であると同時に、記号＝文字や言語であると言っても間違いないだろう。「物質性」という概念を理念的なものと捉えるデリダの傍らに、もう一人のデリダ——すなわち、「文字」の具象的＝「物〔質〕」的な側面を強調するデリダ——が厳然と存在するということだ。そのことは「記号のスポンジ状構造」[44]、「言語というもののスポンジ的性質」[45]という表現にも窺われるが、「スポンジ、それはとりわけエクリチュール(écriture)である。あらゆる事物(toute chose)がそうであるように」[46]という一節に何よりも判然と現われている。

一言付け加えるなら、「歴史」の問題についても、ド・マンとデリダの見解は交差している。ド・マンは無関係に到来する「出来事」を必然的な「物語＝歴史」に偽装することをイデオロギー的な暴力と位置づけたが、「出来事というものを持たない物語＝歴史」[47]というデリダの言い方もまさに同じことを表明している。「物語＝歴史」とは、デリダにとってもまた、「出来事」の無作為性を抑圧することで仮構された事実＝虚構に過ぎないのだ。

とはいえ、「文字＝言語」は「物質〔性〕」の域にとどまることを許されない。もしも許されるなら、「文字＝言語」は意味や対象との繫がりを獲得し得ない。「文字＝言語」として些かも機能し得ないからである。「物語＝歴史」も当然、生成不可能ということになるだろう。ド・マンが強調するように、「言語には指示機能が縮減不可能なものとしてそなわっている」。「文字＝言語」は意味と無縁の存在——「物質」——でありながら、意味の書き入れを常に不可避の契機として背負わされているのだ。

デリダはそうした状況を「二重の要求」、「相反する二重の請願」、「二重拘束」など、様々な言葉で表現しているが、[48]これは、ド・マンが「アレゴリー」という用語で述べたものと、ほとんど同種の機制を示している。「文字＝言語」は「物質」であると同時に、「物質」であることを許されない。つまり、「文字＝言語」には逆向きの特性が内包されているのだ。「事物の法とは、特異性でもあり差異でもある」[49]というデリダの主張は、「文字＝言語」が置かれた、そうしたパラドクシカルな状況を的確に示唆するものと言えるだろう。

おわりに

以上で確認したように、「物質性」というポール・ド・マンの枢要なキー・ワードをめぐっては二系列の解釈が存在する。一つは、この用語を具象性の次元から切り離し、理念的・抽象的な力、あるいはカントの言う「物自体」——知覚を超越したもの——のようなものとして思念しようとする立場。そしてもう一つは、知覚で把捉される具象的な「物質＝もの」あるいはもの性として受けとめようとする立場である。レイ・テラダやマーク・レッドフィールドなどは明らかに前者の立場だが、マーティン・マックィランやJ・ヒリス・ミラーは「文字」の具象的な側面を強調している。だが、論者たちの解釈がいずれかの立場に截然と二分されるかといえば、そうではない。例えば、ヒリス・ミラーは「物質性」という概念の具象性を唱える一方で、レッドフィールドらの主張にも加担している。また、バーバラ・ジョンソンは、「物(things)」と詩学に関わる考察をカントの「物自体」という視点から開始するが、最後は「文字」の具象的形状という問題に比重を移している。ジャック・デリダの場合はさらに複雑である。というのも、『シニェポンジュ』のデリダと「タイプライターのリボン――有限責任会社Ⅱ」のデリダは、少なくとも「物質(性)」の問題に関する限り、明らかに逆向きの関心に引きつけられているからである。

「(美学)イデオロギー」批判という観点からすれば、「物質性」はあくまでも具象的な「物質=もの」――線分や音――ということになるであろうが、それでこの概念の理念的・抽象的な側面が完全に無化されるわけではない。具象性/抽象性という二項対立は、実はそれほど強固な性質のものではないのだ。それはド・マンによる「物質性」対「現象性」という図式によく現われている。「現象性」という概念はド・マンにおいて『美学イデオロギー』と密接な関係を有しているが、この対立図式は具象性/抽象性という対立図式とはうまく符合しない。というのも、カントは知覚可能な事物と知覚を超越した「物自体」を、それぞれ“phenomena”と“noumena”の領分に位置づけていたからである。「物質性」が「現象性」の対義語だとすれば、「物質性」はいわば“noumena”の属性ということになり、その具象的な側面は必然的に捨象されざるを得なくなる。つまり、「物質性」という概念は具象的な「物質=もの」と抽象的な理念の双方に関係し、両者を結びつけると同時に引き離しているのだ。このことは、「物質性」が「アレゴリー」の機制を示す下位概念の一つとして機能していることを意味している。ル・クレジオが語るとおり、言語とは「あるがままの物質」であると同時に「言葉につくせぬ〔…〕永遠の空虚」でもあるのだ。

【註】

（1）「物質性」の問題については、既に拙著『ポール・ド・マン――言語の不可能性、倫理の可能性』（岩波書店、二〇一二年）、第V章（「文字の物質性」）で触れる機会があったが、本章での主要な目的はそこでの議論を補足することにある。

（2）Rei Terada,《Seeing Is Reading》, in *Legacies of Paul de Man*, edited by Marc Redfield, Fordham University Press, 2007, p.172.

（3）ポール・ド・マン『理論への抵抗』大河内昌・富山太佳夫訳、国文社、一九九二年、一三七頁。

（4）Tom Cohen, J. Hillis Miller, and Barbara Cohen,《A 'Materiality without Matter'?》, in *Material Events: Paul de Man and the Afterlife of Theory*, edited by Tom Cohen, Barbara Cohen, J. Hillis Miller, and Andrzej Warminski, University of Minnesota Press, 2001, p. xvii.

（5）Marc Redfield,《Professing Literature: John Guillory's Misreading of Paul de Man》, in *Legacies of Paul de Man*, op. cit., p.116. 強調はレッドフィールド。

（6）だが、正確に言うなら、『物質的出来事』の編者の一人であるJ・ヒリス・ミラーは、同論文集に収められた論考「アレルゲンとしてのポール・ド・マン（Paul de Man as Allergen）」（*Material Events*, op. cit., pp. 183-204）のなかで、これと明らかに抵触する見解を提示している。詳しくは後に見ることにしよう。

（7）カントの「物自体」に関する説明については、石川文康『カント入門』筑摩書房（「ちくま新書」）、一九九五年、九五―九八頁を参照した。

（8）ポール・ド・マン『美学イデオロギー』上野成利訳、平凡社、二〇〇五年、一六三頁。

（9）ジャック・デリダ『パピエ・マシン』上、中山元訳、筑摩書房（「ちくま学芸文庫」）、二四一―二四二頁。訳文一部変更。強調はデリダ。

(10) ド・マン『美学イデオロギー』前掲書、一六九頁。
(11) マーティン・マックィランは『ポール・ド・マンの思想』(Martin McQuillan, *Paul de Man*, Routledge, 2001〔土田知則訳、新曜社、二〇〇二年〕)以後、*The Paul de Man Notebooks*, Edinburgh University Press, 2012; *The Political Archive of Paul de Man: Property, Sovereignty, and the Theotropic*, Columbia University Press, 2012 など、多大な研究成果を生み出し続けている。
(12) ド・マン『理論への抵抗』前掲書、一六二頁。
(13) マックィラン『ポール・ド・マンの思想』前掲書、一八〇頁。
(14) 筆者にもこれと同種の経験がある。ただし、ヒリス・ミラーの場合とは異なり、それはいわばマルセル・プルーストの言う「無意志的な(involontaire)」状況で出来した。その後、意志的に同種の経験に立ち会おうとしても、一度もうまくいかなかったからである。
(15) この「恍惚状態」という表現は、奇しくも、ル・クレジオの作品のタイトル——『物質的恍惚(*L'Extase matérielle*)』——と共鳴し合っている。
(16) J. Hillis Miller,《Paul de Man as Allergen》, in *Material Events*, op. cit., p. 195. この論考は、J. Hillis Miller, *Others*, Princeton University Press, 2001 にも収録されている。ちなみに当引用箇所は p.247.
(17) マックィラン『ポール・ド・マンの思想』前掲書、一六三頁。
(18) 中島敦「文字禍」、『中島敦全集』第一巻、筑摩書房、二〇〇一年、三一一—三二二頁。読み易さを考慮し、旧漢字、旧仮名は現代の表記に変更した。
(19) ただし、ド・マンの場合と同じく、老儒ナブ・アヘ・エリバの体験は、テニスンが味わったとされる「茫洋とした恍惚状態」とは無縁である。
(20) 中島敦「悟浄出世」、『中島敦全集』第一巻、前掲書、三一三頁。
(21) 中島敦「文字禍」前掲書、三六—三七頁。強調は中島。人間の身体さえもが「物質」であるという発想は、「かめれおん日記」の一節にも見受けられるが、そこには「物質」と「器械=機械」という二つのド・マン的なキー・タームが顔を揃えている。「俺というものは、俺を組み立てている物質的な要素(諸道具立)と、それをあやつるあるものとで出来上っている器械人形のように考えられて仕方がない」(中島敦「かめれおん日記」、『中島敦全集』第一巻、前掲書、三八九頁、強調は中島)。

(22) ド・マン『美学イデオロギー』前掲書、三三二頁。

(23) 同頁。

(24) 中島敦「文字禍」前掲書、三四頁。

(25) 同書、三六頁。

(26) 同書、三三頁。

(27) 同書、三六頁。強調は中島。

(28) 同書、三三頁。

(29) ド・マン『美学イデオロギー』前掲書、一七四頁。強調はド・マン。

(30) ポール・ド・マン『ロマン主義のレトリック』山形和美・岩坪友子訳、法政大学出版局、一九九八年、一五六頁。訳文一部変更。

(31) 中島敦「文字禍」前掲書、三四―三五頁。

(32) 同書、三六頁。

(33) 中島敦「かめれおん日記」前掲書、三八五頁。

(34) フランス語版は Jacques Derrida, *Signéponge*, Seuil, 1988. 邦訳はジャック・デリダ『シニェポンジュ』梶田裕訳、法政大学出版局、二〇〇八年。

(35) Barbara Johnson, *Persons and Things*, Harvard University Press, 2008, p. 27.

(36) Id.

(37) Id.

(38) ジョンソンはそうした詩的試みについて、「詩はしばしば、こうした、顔を背けている物の〔把捉〕不可能な知を提示しようとする」(Ibid., p. 28)と述べている。

(39) Ibid., p. 32. ジョンソンはまた、「物の側につくこと〔物に味方すること〕は、まさに言葉(words)と戯れる一つの方法である」（Ibid., p. 33）と述べているが、この場合の「言葉」とはその意味ではなく、形状のことである。

(40) デリダ『シニェポンジュ』前掲書、一七頁。

(41) 同書、一九頁。一九四二年に発表されたポンジュの詩集のタイトル *Le Parti pris des choses*（Gallimard, 1942〔フランシス・ポンジュ『物の味方』阿部弘一訳、思潮社、一九八四年〕）は『物の味方／物への配慮』とも『物への偏見・先入見』とも訳すことが可能だが、デリダの言う「絶対的な敬意」が「絶対的な配慮」と同義であることは明らかだろう。

(42) デリダ『シニェポンジュ』前掲書、四五頁。

(43) 同書、七六頁。

(44) 同書、一一三頁。

(45) 同書、一一五頁。

(46) 同書、八一頁。

(47) 同書、一一六頁。

(48) 同書、六五頁。

(49) 同書、一九頁。

【コラム】③　第二次世界大戦時代の著作　三篇

【訳者解題】ここに訳出したのは、ポール・ド・マンがベルギーの新聞等に掲載した三篇の文章である。ド・マンは一九三九年から四三年にかけて『ル・ソワール』紙等に二〇〇篇以上の文章を寄せており、それらは一九八八年に公刊された『戦時ジャーナリズム　一九三九―一九四三年』（Paul de Man, *Wartime Journalism, 1939-1943*, edited by Werner Hamacher, Neil Hertz, and Thomas Keenan, University of Nebraska Press）にすべて収録されている。今回は社会主義的な学生新聞『ジュディ』、ブリュッセル自由大学の左翼学生サークルによる刊行物『カイエ・デュ・リーブル・エグザマン』、ド・マンが一九四二年二月に就職した出版社「アジャンス・ドゥシェンヌ」の雑誌『ビブリオグラフィ・ドゥシェンヌ』に掲載されたものからそれぞれ一篇ずつを選ぶことにした。【コラム】①②とあわせても訳出された文章はわずか一二篇にすぎないが、これで五つの寄稿先に掲載された文章を一応紹介することができた。この邦訳がド・マン研究の一助として役立つことを切に願いたい。

二〇一二年、主著と目される二冊――『盲目と洞察』と『読むことのアレゴリー』――が相次いで邦訳されたことで、日本におけるド・マン研究はようやくその基盤を整えたと言える。これにより、脱構築批評の理論家・実践者としてのド・マンについては、今後ますます研究が進むだろう。だが、その一方で、この文学理論家の思想的・方法的な変遷を探るには、ここに訳出したような文章にもきちんと目を通す必要がある。『戦時ジャーナリズム　一九三九―一九四三年』にはド・マンの思考を跡づけるときに不可欠な数多くの言明が収録されているからである。今後もまた、この貴重な資料から一篇でも多くの文章が邦訳されることを期待したい。

ここに訳出した三篇は、それぞれが異なるテーマを扱っている。

「戦争をどう考えるか？」は第二次世界大戦が始まった一九三九年に執筆されている。ド・マンは死後、ナチズムに加担したとして厳しく批判されたが、そうした批判が根拠のないその場限りの中傷であったことは、この文章を一読するだけで明らかだろう。ここにはヒトラーの暴虐的な軍事戦略に対する批判が歯に衣着せぬ口調で表明されている。

「イギリスの現代小説」には若き日の執筆スタイルの特徴が典型的に現われている。同種の文章は『ル・ソワール』紙や『ヘット・フラームスへ・ラント』紙にも散見されるが、その該博な知識と読書量の多さには、これが弱冠二〇歳の青年による文章かと、改めて驚かされる。

「出版社の仕事」は編集者ド・マンの姿を牛き生きと彷彿させる興味深い一篇である。ド・マンは十代の頃から編集者として豊富な経験を積んでいる。つまり、この道ではプロ中のプロなのだ。ここには、出版という仕事の内情が一般の読者に対して分かり易く、また時にはユーモラスな調子で披露されている。当時の出版事情を物語る貴重な資料であると同時に、ド・マンの人柄が随所に感じられる稀有な文章でもある。

戦争をどう考えるか？

一九三九年一月四日
『ジュディ』紙

戦争を回避する力はないとしても、平和主義者たちの議論は結局一つの答えに辿り着いた。つまり、勇気やヒロイズムを名目に戦闘に血道を上げる似非-愛国的な熱狂は、民主的な国民の言説を最低限まで切り詰め、ほぼ完全に駆逐してしまった、ということである。私の推測では、戦線に動員された多くの兵士たちには、「理想や崇高の感覚を取り戻す」という意気込みで晴れやかに従軍した者はごく僅かしかいなかった。つまり、ほぼすべての者が、根っから不快でおぞましい仕事に関わるような気持ちで、そこに赴いたのである。

したがって、そのことを十分に確信していれば、一九一四—一九一八年に利用されたスローガンを再度掲げることが、残された唯一可能な弁明ということになるだろう。もしも最後の戦争であったならば、つまり、あらゆる紛争原因を可能なかぎり取り除くような平和を実現していれば、この戦争は無意味ではなかっただろう。したがって、最初になすべきことは、昨今のヨーロッパ情勢のなかでわれわれが現在身に受けている結果を避け難いものにしたのはいったい何であったかを自問することである。

というのも、徐々に脅威的な性格を帯び始めていたドイツ兵力の拡大に対して、フランスやイギリスが突如武器を取らなければならないと考えたのは、実際上、致し方なかったからである。ヒトラーの胸中にある問題は幾つかの不公平の是正だけだという考えを受け入れるのは、チェコ-スロヴァキア併合以降、もはや不可能だった。われわれが直面していたのは、まさにヨーロッパ内部における植民地化への意志であり、その形態は芽生えつつある帝国主義の特徴を極めて鮮明にしながら、それを少しも隠そうとはしなかった。したがって、こうした支配の企てに何の抵抗も示さなければ、ドイツ政府が楽勝確実な方法に訴え続けるのをひたすら助長するだけであったろう。純粋に反-帝国主義的な見方によれば、即時講和を受け入れ、ヒトラーに多大な精神的・物質的恩恵を与えるのは深刻な戦術ミスということになるだろう。二つの帝国主義であれば、抑止するのに手がかからないという理由だけでも、より小さい方、つまりイギリスのそれを選ばなければならない、ということである。

そこで、フランスとイギリスは「ヒトラー主義〔ナチズム〕を粉砕しなければならない」と宣言しながら、われわれの紛争のまさに真只中に切り込んでいる。しかし、軍事的勝利だけでは、この目的の達成は期待できない。戦争に打ち勝つには、その諸原因を取り除く必要があるが、それと同様、ヒトラー主義を打ち負かすには、その蔓延に適った土壌の生成を食い止める必要がある。民主主義の諸々の過ちについては、ヒトラー主義の出現前後に十分な議論がなされてきたので、ここで再度触れる必要はない。そうした過ちは国際政治の領域に限られたものではなく、われわれが自らの経済的・社会的混迷を打破できないという事態とも関係している、と述べるだけで十分だろう。全体主義的な神秘狂信主義者たちが大衆を魅了した主な理由の一つは、失業のような窮境を改善できず、最低限の幸福ももたらすことができない体制を、人々がまったく信頼しなくなってしまったことである。経済の再編成や改革に手を染めなければ、戦争に勝利したところで何の益もない。人々は、ファシズムの動きを助長するだけの苦境にまたすぐさま直面することになるだろう。

こうした価値基準の見直しは、国際関係についても不可欠である。というのも、現在ヨーロッパを支配している考え方が維持されるなら、戦争が周期的現象にならない理由は見出せなくなるからである。フランスやイギリスの戦争目的が完全に達成されたと仮定しても、つまり、ヒトラー体制が崩壊し、ポーランドやチェコ－スロヴァキアが復興したとしても、われわれは一九三〇年――ムッソリーニの表現を借りるなら、戦争状態が正常な日常状態であるような状況――に引き戻されるだけだろう。一方、ひとたび戦争が終結しても、敗北受諾の埋め合わせとして、ドイツに植民地を提供するというのもなかなか困難な話だろう。国家主義の精神で思考している限り――すなわち、隣国の無視、経済的な隔絶、弱国を犠牲にした領土拡大、世界支配の実現を国家の責務と思念している限り――この問題は解決されない。

要約的に述べるなら、ヨーロッパ全国家の内政と外交が完全に方向転換する前触れでないとすれば、この戦争にはいかなる存在価値もないだろう。そうした［方向転換の］必要性を理解し、その実際的な遂行について熟考する者がなければ、われわれはさらにもう一度、無益でおぞましい殺戮を体験することになるだろう。

ポール・ド・マン

＊“Que pensez-vous de la guerre?”, Jeudi, 4 January 1939

イギリスの現代小説

一九四〇年一月
『カイエ・デュ・リーブル・エグザマン』誌

周知のように、イギリスには「桂冠詩人」、すなわち、〈宮廷〉に雇われ、公的な大事件を詩によって永久に書き留めることを任された詩人がいる。つまり、申し分ないとはいえ、新味のない絶対安全な技巧に委ねられ、誰一人不快にしないように配慮された詩——それは必ずしも駄作というわけではない——がイギリスでは賛美される可能性がある、ということである。公的な小説家として同等な地位を占めることができる作家を選び出そうとすれば、二〇年以上さかのぼらないかぎり困難である。人々は王室を褒め称えたゴールズワージや、〔大英〕帝国防衛のために参戦を称揚したキプリングをしっかり思い浮かべることができる。一九一四年以前のこうした偉大な小説家たちには、イギリス生活に深く根ざした何か、彼らをイギリス的制度・伝統・習俗の典型的な体現者にする何かがそなわっている。彼ら——ゴールズワージ、ジェイムズ、ハーディ、メレディス——はパブリック・スクールで称賛され、教授される、尊敬すべき紳士たちであり、確立された名声の証しとして安定した収入を享受していた。彼らは結局のところ、ヴィクトリア朝の先任者たちの直系である。彼らの作品の登場人物は限定的な社会条件を背負った人たちであり、馴染みの伝統的環境のなかで暮らしている。彼らは時々その領域を拡大した——キプリングは異国趣味を、コンラッドは海洋を、そしてウェルズは疑似‐科学的な空想を導入した。彼らは自身の技巧を著しく改良し、驚くべき腕前を有する小説創作者になった。だが、それはまだ、彼らとディケンズやサッカレーとの間に生じる、さらに大きな進化＝旋回の兆候にすぎなかった。人々は彼らのうちに永久の基盤、すなわち、洗練された堅実な文学手法によって作られた土台を感じ取っていた。彼らの著作を読んだ読者には、いかなる不安や内的動揺も生じなかった。つまり、読者が抱く感嘆の念は、完璧な精度をそなえてはいるが、何を作り出し、どう動くかが最初から少し分かっている精巧な機械に対するようなものだったのである。

そして、〔第一次〕世界大戦後、すべては突然変化する。というのも、新たな世代の小説家たち——ジョイス、ロレンス、ヴァージニア・ウルフ、ハックスリー——には、先の世代と結びつけられる人物は一人もいないからである。そこにはもはや、あの節度も、あの秩序も、あの品位もない。逆に、最大級の過激さが許されている。ハックスリーは読者を悪所〔売春宿〕に立ち入らせ、最低限の羞恥心も疎かにしているように見える。ジョイスは純然たる糞尿趣味をほしいままにしている。ロレンスについて言うなら、この病弱で厭世的な炭坑夫の息子は、〔大英〕帝国の体制的な人たちからこぞってポルノ作家扱いされている。だが、こうした外面的な放縦さは、取るに足らない悪意の発作として済まされるようなものではない。それは深刻で根源的な激変と完全に通じ合っているのだ。何故なら、読者が行なうのは、構成巧みな物語を易々と読み進めながら快適な生を謳歌することではもはやないからである。読者は散々な目に遭わされる。読書を終える頃には、絶え間なく頭を使ったためくたくたに疲れ切っているし、それまでの信念や思い込みは完全に揺るがされてしまっている。

このことは、『フォーサイト・サーガ』(ゴールズワージ)と『ユリシーズ』(ジェイムズ・ジョイス)の間に感じられる断絶――フランスでは『真昼の悪魔』(ポール・ブールジェ)と『スワン家のほうへ』(マルセル・プルースト)の間、ドイツでは『ブッデンブローク家の人々』(トーマス・マン)と『城』(フランツ・カフカ)の間に感じられる断絶――に起因している。

＊

性格という観察から生じるごく素朴な概念が、見たところ変わらない、小説の永久の土台であり続けてきた。人間は善良さ、邪悪さ、傲慢さ、貪欲さ、謙虚さなど、幾つかの資質から形作られると考えられていた。つまり、人間一人一人はこうした原料のような資質から形成され、互いに異なる存在になるというわけだ。そこには、素材の微妙な配合によって違いを生み出す調理法とちょっと似たところがある。小説家が最初に行なうべき作業は、本当らしく見えるよう、巧妙で十分複雑な〔資質の〕配合を作り出すことだった。そこで、小説家は典型的な人物

(types)を創造し、彼らを幾つかの状況に直面させたり、幾つかの出来事に立ち会わせたりした。たいていの場合、彼らの性格は当初のままであったし、批評家たちは、物語が創造した様々な状況において、登場人物たちが常に変わらないでいたかどうかを確認することに躍起になっていた。「性格には始まりと真ん中と終わりがあるが、三つは相互に一致し、それぞれの典型規則に適っている」と、ウェルズは述べている。今世紀初頭までフランスやイギリスで大盛況だったキャラクター小説(roman de caractères)は、こうした独自の個性をそなえた登場人物たちの冒険によって織り成されている。

だが、文学者たちの精神に新たな野心が芽生えた。再び遭遇し得ないほどの影響力に突き動かされた彼らは、さらに鋭く明敏な注意力を人間観察に傾けたのだ。魂のあらゆる様相をできるだけ隈なく観察すること、誤った慎みから生じる先入見をすべて捨象し、人間の真実をまるごと語るという渇望だけに身を任せることが、彼らの新たな大目標になるだろう。「プルースト、D・H・ロレンス、A・ジッド、カフカ、ヘミングウェイ——意義ある重要な現代作家はこの五人である。彼らは皆、極端に異なっている。彼らの共通点は、全員が十全な真実(complète vérité / the Whole Truth)を尊重している、ということだけである」(オルダス・ハックスリー「夜の音楽」)。つまり、これらの小説家たちは冷徹な心理学者に変身し、人間本性の真実を歪めるあらゆる単純化に抵抗したのである。

この新規の姿勢＝方針は、一見、それほど豊饒な結果をもたらすものとは思われなかったが、実は非常に革命的だった。それは一九世紀小説という堅固な構築物を取り壊し、その上に無秩序な混沌を打ち建てようとしていたのだ。というのも、心理的な真実に関わるこの新たな基準を、性格というわれわれの概念に適用すれば、当概念は一瞬も持ちこたえられなくなるからである。人間が不変で厳格な構成体であるというのは明らかに事実とかけ離れている。それとは逆に、人間は本質的に不安定であり、絶えず新たな熱望に揺り動かされている。平衡を求めるか、一時的に手にした平衡を手放すことに人は常に躍起になっているのだ。われわれは人間を一つの性格に同化することで、目も当てられないほど単純化していることに気づかされる。というのも、実際の人間は時間のなかでも変化する幾つかの不揃いな性格によって形作られるからである。様々な典型の明確な区別についても、ただちに表面的であることが判明するだろう。少しでも真面目に分析すれば、そうした違いは消え去り、人間の普遍的な要因にすぐ到達することが分かるからである。こうした領域は想像よりもはるかに拡散的で、はるかに多くの驚きに満ちている。それは深く謎めいたままであるが、現代小説家の唯一の探求領野と化すほど大きな関心を引き起こしている。この繊細な企て——このような反応が心理(学)的に何故正しいかを証明すること——に成功するのに、作家が自由にできる方法は二つしかない。作家は登場人物の内に閉じこもり、完全にそれと一体化し、その心の中で繰り広げられるドラマに読者を立ち会わせることができる。思い浮かぶのはヴァージニア・ウルフやJ・ジョイスの内的独白である。あるいは、それとは根本的に対立する視点を採用し、全面的客観性を選択するという手もある。作家は自分が創造した人々をはるか高みから見下ろすことで、彼らの暗躍を理に適った分析に委ね、彼らに対して冷静さと完全な無関心を保つことができる。周知のように、ジッドは突然、『贋金使い』の話を中断し、登場人物たちに判断を下す。別の例を挙げるなら、ハックスリーやジュール・ロマンもそうした傾向の目立つ作家である。

したがって、キャラクター小説に取って代わるのは心理(あるいは分析)小説である。中心的な主題になるのはもはや筋立てではなく、状況＝症例、内的な葛藤である。物語はまったく無いに等しいいか(例えば、ジェイムズ・ジョイスの場合)、最小限まで切り詰められているため、二次的な骨組みとして役立つにすぎない。これは冒険が軽視されているからではなく、冒険を相手にする時間がもはやないからである。もう一度『三銃士』を書きたいと思う現代小説家には、数百の巻が必要とされるだろう。描写する行動を理由づけ、その理由を読者に説明するには、一冊だけでなく、一ダースほどの書物に目を通し直さなければならないからである。

＊

以上のように、小説の新しい傾向が手短に定義されれば、第一線級の人物たちに話を絞り、先ほど述べたことを例証できるだろう。

先に掲げた特徴をほぼ完璧に体現する典型的人物はジェイムズ・ジョイスである。実験室では、残虐にまで及ぶ現象を露わにすることで、正常な事柄への理解を促すことが時折ある。ジョイスは、今われわれが問題にしている領域で、幾分そうした役割を引き受けている。真実全般を尊重し、事物の最も知られていない根底にまで達すること、頭脳の可能性ぎりぎりまで分析を進めること、これまでにない最も強度ある内省に力を注ぐこと。彼の主著『ユリシーズ』には、これらすべてが揃っている。テーマはいたって単純である。どこにでもいる小柄な〈ユダヤ人〉の平凡な一日が、現実的に解消できないほど複雑な宇宙と化す、というものだ。

初期作品ではそれほど極端な展開は見られないが、〔ジョイスに劣らない〕代表的な作家はヴァージニア・ウルフである。彼女は「外的な事実をできるだけ混入しない」小説を創作しようとしている。『ダロウェイ夫人』、『オーランド』、そして『波』、『歳月』は、徐々にその意図を実現させている。人間の意識について言えば、まったく内的で曖昧な喚起、極度に詩的で晦渋な暗示がなされるだけである。

オルダス・ハックスリーの場合はそれほど純粋ではないが、それはおそらく、彼が新しい要素を導入しているからである。彼はエッセイストの気質に従いながら観念小説を書いているのだ。『〈恋愛〉対位法』の大半は大仕掛けのエッセイにすぎないと言われたが、それは故なきことではない。原則的には、「真実全般」の規則と、抽象的な理論を展開することの間にはいかなる不都合も存在しない。エドモン・ジャルーの主張によれば、観念は小説の廃墟ということになるが、それはたぶん、あまりに断言めいている。観念は人間生活で確実にある役割を演じているので、それ〔人間生活〕を完全に見渡すためには、観念を介入させなければならない。危険が生じるのは、登場人物と登場人物が擁護する観念を同一視するときである。というのも、観念は知的な領域を明示するため、論理性や一貫性をそなえているが、人間の反応はそうではないからである。〔登場人物と観念の同一視という〕単純化はこうした経緯から生じるが、現代の批評家にとって、それは大罪以外の何ものでもない。

オルダス・ハックスリーはそうした危険を完全に弁えているが、それを回避することはない。

そのことは次の一節が証明している。「各登場人物の性格は、彼らが背負う観念の中に可能な限り表示されなければならない」。だが、彼はこう続けている。「理論が感情や本能や精神状態を合理化するものである限り、それは実現可能である」。彼が控えめな慎重さを常に維持しているかというと、おそらくそうではないのだ。

D・H・ロレンスには最も危険な可能性が孕まれていた。彼の場合、諸観念が果たす役割は些細なものではない。それらは集まって、全著作で執拗に追究される命題を形作っている。われわれは問題小説(roman à thèse)の欠陥や悪癖に再び立ち戻ろうとしているのだろうか？　防御された視点という性質によって、そうした悪癖は回避されている。そこにはロレンスの哲学が確認されるが、ハックスリーはマーク・ランピョン(『対位法』)の発言の中でそれをどうにか忠実に説明している。根本的な観念は人間的なバランスだが、精神および肉体の全切望を等しく考慮することでそれは初めて達成される。この完璧な人間という神話は、われわれが先に述べた現代小説の法則と見事に合致している。ロレンスを同時代人たちと同じタイプに容易く算入できるのは、彼が自身とは根本的に無縁な文学的配慮を示しているからという以上に、彼が自身の倫理を尊重しているからである。

＊

小説はこの時代ほど理屈をこねたこともないし、瑣事にこだわったこともない。それはまた、形式や表現の美しさをたいして尊重しなかった。これは至極当然のことである。何故なら、こうした科学同然の言明が引き起こすかもしれない退屈を回避するには、もっぱら美学的な次元に属する可能性に頼らざるをえないからである。誰であれ、真の芸術家でない者は当時の偉大な作家たちのなかで異彩を放つことはできない。イギリス人たちはそれを誰よりもよく理解していたと思われる。ロレンスの叙情的な呪い、チャールズ・モーガンの極めて古典的な瞑想、ハックスリーの巧妙な調和、すべてが彼ら独自のやり方で、そのスタイルを成功させている。イギリスの現代小説がわれわれにとってとりわけ魅力的に見えるのも、たぶんこれと同じ理由によるだろう。

ポール・ド・マン

＊ "Le Roman anglais contemporain", *Cahiers du Libre Examen*, January 1940

出版社の仕事

一九四二年一〇月

『ビブリオグラフィ・ドゥシェンヌ』誌

本について検討するという厳密に文学的ないつもの視点を少し離れて、作家とともに本の完成や命運に寄与する出版社の役割を明らかにするのも一興と言えるでしょう。本が最初に構想されてから読者の手に渡るまでの仕組みを一般の人々は実際のところまったく把握していないからです。連続的な行程を追いながら、そうした仕組みをつぶさに眺め渡してみたいと考えるのはそのためです。

無名であるあなたに本を書くという考えが浮かんだと想定してみてください。あなたは、自身の想像力・感受性・知性が生み出したものを表現しようと、日夜努力してきました。いざ原稿が完成し、執筆中に覚えた感動を人々と分かち合いたいと考えたとき、その正当な欲求を満たすには、さてどうすればよいでしょうか。それには仲介役が必要です。その役割は、あなたの作品が読者たちに知ってもらう価値があるかどうかを判断したり、原稿をできるだけ魅力的な本に仕立て上げたりすることです。こうして、出版社の仕事が考え出されたわけですが、それは今述べた二重の役割を極めて厳密に遂行しています。

そこであなたは、自身の作品をこの謎めいた業務機関――その名称はコンサートのポスターに作曲家と並んで記される演奏家の名前のように、書籍のタイトルページの下に刻まれます――の一つに送りますが、一般大衆はこの機関の働きをほとんど理解していません。あなたは当然、最も威信ありと思われる出版社をお選びになるでしょう。出版社に届くと、あなたの原稿は審査委員会と称されるものに委ねられます。つまり、相応の作家や批評家たちが原稿を読み、筆者と出版社に簡潔な報告書を提出します。内容には、作品の芸術的価値や商業販売の可能性などに関する判断が含まれています。出版社側はこの種々様々な意見を参考にしながら、原稿を本として出版できるかどうかを決定します。もちろん、自らの仕事に特別な熱意を示すある幾つかの出版社のように、自身が読み手となり、送られてくるすべての原稿を〔審査〕委員会なしで読むこともあります。いずれにせよ、あなたはご自身の仕事が面白いと判断された、あるいは却下された、という内容の通知を受け取ることになるでしょう。

面白いと判断された場合には、著作権の決定契約が提案されるでしょう。たいていの場合は、あなたが書籍売り上げの何パーセントを受け取るかという形式になります。実際には極めて稀ですが、作者自身が出版社に出資する場合もあります。つまり、刊行に必要な金額を作者が出版社に前払いする、ということです。「自費出版」と呼ばれていますが、かなり特殊な方法であり、今では姿を消す傾向にあります。

契約が交わされると、あとは出版社が作業を開始するだけです。制作の技術的な側面はこれから検討しなければなりません。本をどんな体裁で刊行するのか。版型はどうするのか、どの字体で印刷するのか、挿絵入りにするのか、どんなカヴァーをつけるのか。決めるべきことはたくさんありますが、出版社の資質はそれらを解決するなかで、趣味のよさ、技術的な熟練、芸術的・商業的な装丁感覚を発揮します。最後に残されているのは発行部数、すなわち、印刷される本の数を確定することです。これは微妙な問題で、読者の趣味に関する豊富な直観と知識が要求されます。部数の見積りを誤ったときの危険は容易に想像がつくからです。発行部数を上げすぎれば、制作された本を捌き切ることはできません。また、下げすぎれば、需要に応じることができず、良好な結果を得るチャンスを失います。大部分の出版社は最初に最低部数を設定し、その後需要に応じて再版を行ないます。こうしたやり方にも幾つかの問題はありますが、非常に技術的＝専門的な問題ですので、ここでは立ち入らないでおきましょう。要するに、最初にできるだけ正確な数値を設定することが得策だ、という結論になると思います。

ゲラや仮綴じに校正が加えられ、本が印刷されると、あとはもう販売するだけです。そして、ここでもまた、創意工夫や想像力が数々の奇跡を生み出します。要は、できるだけ確実に本を「売り込む」ということです。つまり、本があちこちで話題になるようにすること、もはやその本の存在を無視できず、それを買って読むことが読者の道義的義務だと感じさせることが必要なのです。幾つもの売り込み文句が試され、様々な効果がもたらされてきました。斬新な売り込み文句は今でも日々模索されていますし、この分野で本物の名人芸を発揮した出版社もあります。

ここまでの話は出版社の仕事のごく受身の紹介にすぎません。つまり、そのおそらく最も重要な部分はまだ明らかにされていないのです。それは探索＝発掘です。私たちは既にものを書いている人や、原稿を自主的に投稿している人を探り出してきました。実際上、最も多いのは、今ものを書いている人、あるいは、この先そうする力のある人を発見することです。そうした人たちには、時として、助言や指針や援助を与えなければなりませんし、感化を及ぼす必要もあります。一方、それとは逆に、あるがままにまるごと受け容れてあげなければならない人もいます。ほんのちょっと手を加えただけで、創作物の均斉や力は損なわれてしまうからです。こうした仕事に当たるには、有り余るほどの見識や機転や批判＝批評精神が、そしてまたしても、豊富な直観が要求されるのです。
つまり、出版社・出版者は一種の仲介役に見えますが、真摯な創造的使命を担っています。該博な知識は言うに及ばず、天賦の才能を自然に具えていなければなりません。決して型通りの行動に身を委ねることはできないでしょう。一つ一つの新作、企画された一つ一つの叢書には独創的なアイデアが要求されます。出版に携わる者は刷新・考案・創造の人生を送らなければならないのです。出版社・出版者の仕事が極めて困難である——招かれる者〔競争者〕は多いが、選ばれる者〔成功者〕は少ない〔マタイ福音書二二・一四〕——のはこうした事情によります。ですが、その可能性や素晴らしさをすっかり理解している人にとって、この仕事は抗し難いほど魅力的でもあるのです。

ポール・ド・マン

* "Le métier d'éditeur", *Bibliographie Dechenne*, October 1942

第五章　「ポール・ド・マン事件」とは何だったのか

再度言おう。それは読むこと、そして責任を引き受けることに関わる問題なのだ。

J・ヒリス・ミラー

はじめに

「ポール・ド・マン事件」と称される大掛かりで執拗極まりない論争については既に幾度となく言及してきたが、最後に改めてこの出来事の核心と思われる問題について確認しておきたい。論争の引き金となった「資料体」にある程度目が通され、賛否両論入り乱れた評価がひとまず出揃ったのは、一九八九年に公刊された『応答――ド・マンの戦時ジャーナリズムについて』においてだったが、それによって論争が決着したわけではない。ド・マンをナチス・ドイツに加担した「犯罪者」と見る面々はその後も跡を絶たず、事件の余韻は今なお漂い続けている。この論文集に掲載された論者すべての意見に耳をそば立てることは無論重要だが、紙幅の事情からしてそれも不可能である。また、議論の対立が決定的な解消に向かうこともまず想像できない。そこで、ここではあくまでも私的な立場を採り、ド・マン擁護の姿勢を貫く一つの論考だけに的を絞ることにした。それはイェール大学の元同僚J・ヒリス・ミラーが、歴史学者ジョン・ウィーナー[1]に突き付けた辛辣な批判文書「ジョン・ウィーナー教授への公開質問状[2]」である。

この文書＝論考をあえて選び出したのには幾つかの理由がある。何よりも重要なのは、ミラーがジェフリー・ハートマン、ハロルド・ブルームと並び、ド・マンの仕事を隅々まで理解している「イェール学派」の「ビッグ・フォー（Big Four）」の一人だったことである。ド・マン批判に与した多くの論者とは違い、ミラーがフランス語で書かれた『ル・ソワール』紙の記事を入念に精査・精読した上で、この論考を物していることも大切なポイントになる。人を評価したり批判したりする際に欠かせないのは、その人の仕事や立場を十分に把握する能力だからである。ミラーは無論、そうした能力の持ち主である。ここに取り上げた文書＝論考は「ド・マン事件」という一連の騒動に通底する諸問題を、おそらくどの批判者の論考よりも、的確かつ簡明に摘出することに成功している。

いわゆる身内の論者の書いたものを議論の土台にすることに対しては、恣意的、あるいは不公正という批判もあるだろう。だが、それでもなおミラーの論考を選ぶことには譲れない事情がある。「ド・マン事件」において被告席に着かされたのはド・マン一人ではなかった。ミラー自身もまた、ジャック・デリダ――さらには「脱構築全般（deconstruction in general）」――と共に、この事件に連座させられたのである。

「読むこと」の不在

冒頭に述べられているように、ミラーはウィーナー批判を喜々として展開したわけではない。同じ大学に所属する教授を遠慮容赦のない言葉で批判することには、それ相応の躊躇《ためら》いを覚えたであろう。だが、ミラーは敢然とそれを行なった。論敵に対する怒りはそれほどまでに激烈だったのである。「あなたのド・マンに関する記事・文章は、私がこの話題について見てきたすべてのジャーナリスティックな論評のなかでも、最も誤報に満ち、歪められたもの、無責任なものの一つです」(p. 334)。つまり、ミラーがここで——そして、その後も繰り返し——語気鋭く訴えているのは、ウィーナーが公表してきた「ド・マン事件」に関わる記事(3)は、資料や情報の内容を誰よりも慎重に精査する必要のある歴史学者が、決して無視してはならない三つの条件——正確、公平、責任——を厳守するどころか、それを無残にも踏みにじっているという事実を明らかにすることなのだ。この文書＝論考に立ち現われる「読む(read)」という動詞の過剰なまでの頻度が示すように、ウィーナー批判の根底にあるのは、まさに「読むこと(reading)」、あるいは「読むこと」の不在の問題と言って間違いないだろう。それは、ド・マンが『読むことのアレゴリー』等の著作で誰よりも果敢に取り組んだものであり、ミラー自身を含む「脱構築批評」の実践者たちが常に仕事の要に据えてきたものである。ミラーのここでの反論は、元同僚の擁護といった単純な話ではなく、「読むことの倫理(4)」を守るための、いわば徹底抗戦だったのだ。それは何があっても為されなければならなかった。黙してしまったら、それで終わりなのだ。

誤解を避けるために付言しておくなら、ミラーは、ド・マン側には少しの責任もなかったと主張しているわけではない。事実はその逆である。「私はそう信じていますが、ド・マンは自身が書いたもの、そして自身が書いたものの結果＝効果に対して責任を負わなければなりません」(p. 334)。「ド・マンが『ヘット・フラームスへ・ラント』紙のために書いたもののなかには、ファシスト的なイデオロギー要素〔…〕やドイツ人占領者への支持や協力は存在しない、と言っているのではありません。存在します。ド・マンには、自身が書いたもの、そしてそれが与えたかも知れない結果＝効果について説明する責任はない、とも言っていません。そうすべきです」(p. 335)。

ウィーナーの発言には「読むこと」への不誠実な態度が随所に現われているが、それは然るべき論者の良識を大きく逸脱している。多大な影響力を有する歴史学者であるだけに、事はさらに重大である。最も基本的な指摘から始めよう。批判を行なうに当たっては、対象となる事例や人物の情報を誤りなく提示することが求められる。だが、あろうことか、ウィーナーは論敵の生没年さえ正確に把握できていない有様なのだ。ド・マンは一九八三年、六四歳で亡くなったが、ウィーナーはそれを一九八四年、六五歳と伝えている。事実・史実を重んじるべき歴史学者としては、杜撰、無責任極まりない挙措と言う他ない。同じような誤りは論戦の中心にある『ル・ソワール』紙の記事についても繰り返されている。当時の少なからぬ論者たちは、ド・マンが『ル・ソワール』紙にユダヤ人問題に関して複数の記事を寄稿したと考えていた(ちなみに、ウィーナーは二篇と述べている)。だが、既に触れたように、この問題に該当する記事は、一九四一年三月四日に掲載された「現代文学におけるユダヤ人」一篇だけだった。ミラーはウィーナーに対し、「あなたは本当にその問題の記事を読んだのですか?」と問いかけているが、その答えは明白であろう。読んではいないのだ。重大な判断を下すべきときに、誤った情報が相手の名誉を頗《すこぶ》る傷つける可能性があるときに、この権威ある歴史家は資料の綿密な調査・確認、精査、精読(close reading)を怠ることで、アメリカだけではなく、当時の批評界全体に多大な誤解と害毒をもたらしたと言ってよいだろう。

こうした前代未聞の杜撰さはいったい何故生じたのか。問題の記事、「現代文学におけるユダヤ人」はもちろんのこと、論争の対象であるはずの諸テクストを自らの手や目で確認し、精読するという公正・不可欠な作業がほぼ無視され、蔑《ないがし》ろにされるという状況のなかで、「ナチ協力者」というド・マンのイメージだけが数多の論客たちによって拡散され、一人歩きし始めたからである。そうしたイメージを広範に撒き散らした人物の一人がウィーナーであったことは言うまでもない。ド・マンを好ましく思わない者たちにとっては、彼は最初から有罪者以外の何者でもなかった。つまり、公正な裁定に必要なテクスト・資料・報告に綿密な確認・読解が施される間もなく、このベルギー生まれの文学理論家はいわれなき裁きの場に立たされたのだ。

ウィーナーはミラーの批判に対して、執筆記事の締め切りに追われていたなどと言い訳しているが、それはどう考えても、笑止千万と言うほかない。「多大な時間を必要とする読み(time-consuming reading)〔p. 336〕」に堪えられないようなら、最初から書かなければよいのだ。そうして書かれたものが相手の名誉を著しく棄損し、不当な評価を世界中に拡散させたとなれば、それこそがまさに犯罪行為と言うべきだろう。

ウィーナーの杜撰さは、先に挙げたド・マンの没年（齢）や、問題記事の数など、基本的な情報提示にも現われているが、[5] ミラーが指摘しているさらに重大な過誤についても幾つか紹介しておこう。それらはすべて例外なく、不十分な情報収集と「読むこと」の不在に深く関わっている。

何をどう読んだのかまったく定かではないが、ウィーナーはフランスの対独協力作家（いわゆる「コラボラトゥール」）の一人とされるルイ＝フェルディナン・セリーヌ（一八九四―一九六一年）を扱ったジュリア・クリステヴァの研究を反ユダヤ的だと決めつけている。[6] つまり、そのクリステヴァの仕事を讃えるド・マンは、必然的に反ユダヤ的だという理屈になる。ウィーナーにクリステヴァ自身がユダヤ系の出自だという認識があったのかどうかは敢えて問わないとしても、ミラーが的確に指摘するように、そうした捉え方が事実とは完全に逆であることは明らかである。「彼〔ド・マン〕は反ユダヤ主義のメカニズムを暴き出したことについて、クリステヴァの書物を讃えているのです」（p. 335）。

「ド・マン事件」の際、反ド・マン側に回った先鋭な論客としては、特にジェフリー・メールマン（一九四四生まれ）とフランク・レントリッキア（一九四〇年生まれ）の名を挙げることができるが、ド・マンに関する極度に偏向した見解は、主にこの二人の手からウィーナーに引き渡されている。ウィーナーがメールマンを「脱構築の実践者」（p. 336）と呼んでいることについては、ミラーならずとも苦笑を禁じ得ないが、そのメールマンこそが『ル・ソワール』紙の記事を十分に読んでいないと思われるのだ。メールマンに拠るなら、『ル・ソワール』紙に掲載されたド・マンの記事は、「ナチ的なヒット曲（the Nazi hit parade）」[7]（p.336）を宣伝しているらしいが、事実はその逆である。それは、ミラーの反論が示すとおり、メールマンが『ル・ソワール』紙に寄せられたド・マンの注目すべき三篇の記事にまったく目を通した様子がないことを証立てている。三篇とは、ロベール・ブラジヤック（一九〇九―四五年）、アンリ・ド・モンテルラン（一八九六―一九七二年）、ピエール・ドリュ・ラ・ロシェル（一八九三―一九四五年）の著作に関わるものであり、それぞれ、一九四一年八月一二日、一一月一一日、一二月九日に掲載されている。メールマンが主張するように、この三者はいずれも対独協力作家（「コラボラトゥール」）とみなされ、戦後威光を失った人たちである。しかし、彼らの著作を取り上げることと、彼らを讃えることとは必ずしも同じではない。ド・マンの場合は明らかに逆であり、この三者に対して概ね手厳しい批判を加えている。(8) それを確認するのに多くの時間はかからない。情報を提供したメールマンにも、それを受け取ったウィーナーにも、こうした決定的な資料と真摯に向き合う構えがないというだけの話なのだ。「読むこと」の不在が、ここでもまた公正さを脅かしている。

「読むこと」の不在は、証言情報の手緩い調査・確認にも現われている。ミラーが挙げているのは、ド・マン自身も記事を寄稿したことのある『カイエ・デュ・リーブル・エグザマン』紙の編集長だったシャルル・ドゾーニュ、そして、ド・マンの友人で、後にフランス大手出版社（ミニュイ社およびガリマール社）の編集者を勤めたジョルジュ・ランブリックスの肉声証言である。二人の証言に拠れば、ド・マンは反ユダヤ的な意見や態度を一度も表明したことがないばかりか、フランスのレジスタンスに手を貸していた。(9) 真実か否かにかかわらず、責任ある歴史学者ならば、そうした証言を無視することはまず許されないだろう。ミラーがいみじくも述べているように、「二、三度電話すれば」(p. 336)、それくらいの情報は瞬時に確認できたに違いないからである。

「読むこと」の不在が最大限に現前するのは、言うまでもなく、論争＝事件の中核となった記事「現代文学におけるユダヤ人」においてである。詳細については、既に本書第一章で言及しているので、ここではミラーが指摘している問題のなかから、議論の趣旨を理解するのに欠かせない論点をごく手短に再確認するに留めよう。ミラーの反論は本書の立場とほぼ完全に一致しているが、やはり何度も強調しておかなければならないのは、ド・マンがこの記事の冒頭でまさに自身の命運を託したと思念される「卑俗な反ユダヤ主義」という表現である。「卑俗な」という形容詞の優れてレトリカルな機能・性格については第一章の議論に譲りたいが、これは一歩間違えば、この「ユダヤ人とわれわれ」と題された特集に記事を寄せた他の論者たちに、想像もつかない怒りを引き起こしていただろう。しかし、そうした結果にはならなかった。たぶん、この特集に寄稿した他の三人には、ド・マンのレトリカルな策謀を読み取る能力が著しく欠けていたのである。つまり、ここにも既に、「読むこと」の不在が色濃く現出していたのだ。ミラーは無論、ド・マンのこの決死の選択を見逃してはいない。ミラーは、この卓抜な表現のなかに、相手を非難できない状況のなかで相手を非難するというド・マンの戦略を明敏に読み取っているのだ。

それはつまり、「ユダヤ問題」に関する『ル・ソワール』紙の特集でド・マンの記事と隣り合う他の〔三つの〕記事を、暗黙裡に＝無条件に断罪（implicit condemnation）しているのです。他の記事——「ユダヤ主義の二つの顔」に関する忌まわしい記事、フロイトへの攻撃（記事）、そして、「ユダヤ絵画」への中傷（記事）——が表明しているのは、まさにド・マンが自身の記事で力強く拒絶しているあの「卑俗な反ユダヤ主義」なのです(pp. 335-336)。

ド・マンの非難がユダヤ人に向けられていないことは、彼がヨーロッパ文学を代表する重要な四人の小説家のなかにフランツ・カフカを含めていることからも明らかである。ド・マンの弾劾者たちは、これをどのように説明するのだろうか。さらに重要なことに、彼らは、一九四一年五月六日の『ル・ソワール』紙に掲載された決定的な記事の存在を完全に見落としている。それは、ド・マンが「徹底的なドレフュス主義者」と呼び、高く評価した詩人、シャルル・ペギーについての記事(「シャルル・ペギー」)である。[10] ミラーが指摘するまでもなく、当時「ドレフュス主義者」という呼称がいかなる意味を有していたかは、歴史学者ならずとも当然理解していただろう。原稿の締め切りに追われるウィーナーには、精査する時間も思考する方途もなかったということか。

誹謗・中傷、そして的外れな戯言

ド・マンの糾弾者たちは、過去に発覚したナチがらみの人間関係とこの騒動(「ド・マン事件」)を執拗に重ね合わせようとした。マルティン・ハイデガーとナチの関係は既によく知られていたが、今度は第四代国連事務総長、第六代オーストリア大統領の職を歴任したクルト・ヨーゼフ・ヴァルトハイムの名がそこに加わることになる。後に暴露されたのだが、この著名な政治家は、ナチス・ドイツによるオーストリア併合から僅か三週間後に「国家社会主義学生同盟」の一員となり、その後「ナチス突撃隊」の将校になっていた。ド・マン批判の立場を貫く論客たちがこの情報を見逃すはずはない。彼らは透かさず反応した。ド・マンを「アカデミック・ヴァルトハイム(academic Waldheim)」(p. 335)と呼ばわり、犯罪者のごとく非難したのだ。こうしたイメージ操作がいかに稚拙だったかについては、もはや説明する必要もないだろう。今となっては信じ難いことだが、ド・マンをめぐる一連の騒動においては、こうした根も葉もない誹謗・中傷の拡散が、日々当たり前のように生じていたのだ。

ウィーナーの心無い誹謗は、ド・マンの優秀な学生・弟子・同僚たちにも向けられた。彼や、彼の中傷を後押ししたフランク・レントリッキアによるなら、ド・マンとは差し詰め、あのトーマス・マンの小説「マリオと手品師」に登場する手品師のような存在だということになる。マンはこの作品で、イタリア・ファシズムの台頭に魅了されるアレゴリー的な人物としてマリオを描き出したわけだが、ウィーナーらの主張に照らすなら、ド・マンとはまさに、学生や同僚たちをファシズムへと駆り立てる悪しき扇動者だったという結論になる。こうした悪意ある言い方には、「脱構築」という読みの実践を、何をおいても、「ナチス」や「ファシズム」と直結させようとする意図が明確に現われている。つまり、「ド・マン事件」という狂乱的な騒動において批判の標的にされたのは、ポール・ド・マン一人ではなかったということである。ド・マンはいわば象徴的な標的としてそこに据えられたに過ぎない。ド・マンの告発者たちが真の狙いとしたのは、一九六〇年代後半から果敢な活動を開始した「脱構築批評」そのものだったと言ってまず間違いないであろう(この点については、後ほど再述することにする)。

このように、ド・マンへの誹謗・中傷には常軌を逸したものが数多く見受けられるが、なかでもとりわけ奇妙と思われるものを紹介しておこう。ウィーナーの言い分に従うなら、『ル・ソワール』紙に掲載されたド・マンの記事をフランス語の形で世に示すのは、「ダメージ・コントロール(damage control)」(p. 338)に他ならない、ということになる。周知のとおり、一九八八年、ヴェルナー・ハーマッハー、ニール・ハーツ、トマス・キーナンの編集で一冊にまとめられた「資料体」、『戦時ジャーナリズム　一九三九―一九四三年』には、英訳を付した一部の記事を除き、すべてがオリジナルからのコピーとして収録されている。四十数年以上前の記事であることに加え、文字どおりコピーであるため、少なからぬ個所で文字が掠れていたり、空隙があったりするが、それぞれの文章はほぼ判読可能である。ウィーナーの批判を敢えて理解しようと努めるなら(それは無論、不可能であるが)、重要な証拠資料をオリジナルのまま提出するのは、フランス語を読めない者たちにとっては、まるでオブラートに包んでいるようで公正ではない、ということなのだろうが、こうした主張には一分の論理も説得力もない。純粋な戯言と言うべきである。そもそも、資料をオリジナルのまま提示することが、何故ド・マンのダメージをコントロールすることになるのか。歴史家ウィーナーは、オリジナルの資料を常に英訳した上で研究や議論に臨んでいるというのか。ミラーは、「いかなる類の歴史家が、オリジナル資料の完全な翻刻を「ダメージ・コントロール」と呼ぶのでしょうか」(p. 338)と述べ、奇妙奇天烈な論敵の言い分を痛烈に揶揄している。

誹謗・中傷と並びお粗末なのは、ウィーナーの持ち出す論理とも言えぬ「論理」(非論理・屁理屈)である。彼は先ず、『挑発としての文学史』(一九七六年)の著者として知られるドイツ受容美学の旗手、ハンス・ロベルト・ヤウスが、ド・マンの在職したイェール大学で教鞭を取っていたことを指摘し、この二人を何の躊躇いもなく親ナチの共謀者と断じている。正確に言うなら、ヤウスはアメリカの他の大学でも教えている。こうした言い分がもし正しければ、同じ大学で教えた者たちは、すべて同罪ということになってしまうだろう。ミラーが言うように、ド・マンがヤウスに対して批判的な姿勢を示していたことは、ヤウスに関する秀逸な論述を含む『理論への抵抗』(一九八六年)に目を通すだけで十分であったろう。ここにもまた、ウィーナーらド・マン弾劾者たちに共通の、「読むこと」の不在が顔を覗かせている。彼らは読まずに批判しているのだ。

因みに、ウィーナーのヤウス＝ド・マン批判は、ドイツ受容美学(ヤウス)と脱構築批評(ド・マン)の安易な関連づけに留まらず、アメリカの「読者反応批評(Reader response criticism)」と「脱構築批評」の言われなき近親性を訴えている。驚くべきことだが、こうした主張から判明するのは、ウィーナーが「脱構築批評」の最も基本的な特質について、実は何一つまともな知識をそなえていないということである。読者、あるいは読者共同体の「意図」、「主体(性)」といった要素が必然的・積極的に関与する「受容美学」や「読者反応批評」とは異なり、「脱構築批評」の場合、そうした要素はほとんど関わりを持たない。「脱構築」とは、読者・作者の「意図」や「主体(性)」に関わるようなものではなく、すべての権威を言語、そしてテクストで起こることに委ねようとする批評実践なのだ。「読むことを多少とも真のものにするのは、それが、読者や作者の望みとは、必然的に無関係に生じるという〔…〕ことだけなのです」(p. 340)。「読むこと」に対するミラーのこうした説明は、「脱構築」という批評実践の本質を的確に捉えている。

ウィーナーの議論のなかで、ミラーが「最悪で最も中傷的」(p. 338)と考えるのは、「脱構築」や

「脱構築派」の批評家たちを断罪する際に持ち出す詭弁論理である。それは同じ大学で教鞭を取ったヤウスとド・マンを、ただそれだけの理由で関連づけ、親ナチの共謀者と断定した時の遣り口を一層強烈に押し出している。ミラーが「過誤のクレッシェンド(crescendo of errors)」(p. 338)といみじくも表現したその論法(非論法)は以下のとおりである。

> 「初期の著作」でのド・マンは徹頭徹尾ファシストだった。後の著作での彼は「脱構築者」だった。彼の「脱構築者的な」著作は、彼の「初期の著作」と同質である。したがって、デリダや私〔ミラー〕も含め(私はアメリカ合衆国における先導的な脱構築者およびド・マンの友人として、デリダは「脱構築」の「元祖」として)、脱構築者はすべてファシストである。さらに言えば、デリダはファシスト的な哲学者であるハイデガーが脱構築の「創始者」だと認めていた。故に、われわれは、先に挙げた二人の「先導者」を含め、脱構築者はすべてファシストであるという結論に再度立ち戻ることになる(p. 338)。

読者や世論を説得するための説明も、ここまで来ると、もはや滑稽極まりない戯言というしかない。だが、これこそがド・マンを激しく糾弾し、「ド・マン事件」の趨勢を左右しようとする思考の現実的な姿だったのだ。このような狂乱がこれほどまでの異常さを帯びることになった理由はもはや明らかであろう。先の引用からも確認できるように、ウィーナーの糾弾には「脱構築」、「脱構築者」という用語が頻繁に立ち現われる。つまり、ド・マン糾弾者たちが非難の標的に据え、徹底的な断罪(「死刑判決」と言ってもよいだろう)を加えようとしたのは、ド・マンその人というよりもむしろ、一九六〇年代後半からアメリカに移植され、その後世界の研究界に多大なインパクトを与えることになる「脱構築」だったのだ。その際、「イェール学派」の領袖と目されていたド・マンが、ベルギー時代にナチス寄りの新聞記事を書いていたという情報(正確には「誤報」)は、糾弾者たちに絶好の攻撃機会を与えたに違いない。ド・マンは死して後、「ド・マン事件」という狂騒の、いわば人身御供役を演じさせられたのだ。

こうした状況は、論争開始以前から、被告ド・マンを有罪者の席に据えている。そこには、精緻な手続きを踏んだ議論など露程も存在しない。アメリカ文学研究界が誇りとするはずのあの「精読(close reading)」などどこにも見当たらないのだ。ド・マン糾弾者たちの目的はただ一つ。アメリカ批評界の伝統を揺動・攪乱させる「脱構築」という外来新種を、ド・マンという外来思想家の擬似スキャンダルを利用して完全に駆逐すること、それしかない。検証も論理もない。あるのはただ、自らの思考体系に固執しようとする頑迷な仕草だけなのだ。「読むこと」の徹底的な不在。「ド・マン事件」はまさにそうした不在から生じ、今でもなおその不穏な余波を惹起し続けている。

「脱構築」に対する数々の無理解

ミラーはこのウィーナー宛の文書=論考のなかで、論点を一四の項目に分けて提起しているが、最後の項目はド・マンおよび「脱構築(者)」に対する、論敵たち(とりわけ、ウィーナー)の無理解——

「読むこと」の不在から生じる、数多の誤解・曲解——を指摘することに当てられている。当文書＝論考におけるミラーの主要な目的がどこにあったかは、目立って多くの紙幅をこの項目に割いていることからしても明らかである。ミラーは先ずウィーナーに対し、「あなたはそこで、先のジャーナリスティックな記事＝報告の、間違い極まりない紋切型(clichés)を繰り返しています。それらを確認させていただきます」(p. 339)と述べた後、五つの観点から問題を丁寧に指摘し、最後にこの文書＝論考全体の結論を記している。ここでは五つの観点を厳密に区別することは差し控えるが、ミラーの問題提起に倣い、議論の要点をできるだけ簡潔に確認しておきたいと思う。

ミラーは先ず、ウィーナーがエドワード・サイードから引用したとする摩訶不思議な考え(これは無論、サイードの趣旨を忠実に理解・反映していない)に否を突き付けている。ウィーナーの主張に拠れば、ド・マンやデリダの著作では、「修辞(rhetoric)」と「言明内容(stated content)」(p. 339)が別々にされている。しかし、「脱構築批評」の実践に少しでも接したことのある者なら、事実はまったく逆であると理解するだろう。ウィーナーはまた、「脱構築された意味(deconstructed meaning)」(ミラーはこの表現の奇天烈さに驚きを隠し切れない)は「決定可能な意味の範囲に収まる」(p. 339)と語っている。「脱構築された意味」という表現の意味は、いくら考えても判然としないが、もしウィーナーが本気でそう信じているとすれば、ミラーも再三指摘するように、「あなた〔ウィーナー〕」が、いわゆる「脱構築」やド・マンの後の著作について書いていることは、すべて誤り」(p. 339)という他ないだろう。さらに付け加えるなら、ウィーナーは、自身が「脱構築者」と考える者の共有特徴を、自分たちの立ち位置(positions)を要約・説明(paraphrase)できないこと、と断じている。だが、ミラーの反論を持ち出すまでもなく、こうした特徴はいわゆる「脱構築者」だけのものではない。とりわけ精読に値する優れた著作については、簡易明瞭な要約ばかりを徒に追求するのではなく、あらゆる思考の可能性を常に保持し続けることこそが、むしろ重要だと考えられるからである。

次に問題とされるのは、「脱構築批評」の中核にある「言語」や「テクスト」といった概念に対する、反対論者たちの無理解である。ミラーは先ず、「あなた〔ウィーナー〕は、戦争はテクストである、と言うときに問題とされていることについて、何の理解も示していません」(p. 339)と訴える。「戦争」と「テクスト」は一見無関係と思われるが、実はそうではない。暴力的な戦争ではないが、「ド・マン事件」という騒動も争いであるという点では、ある種の「戦争」だったと言うこともできる。では、その騒動＝戦争は、いったいどのようにして引き起こされたのか。それは物理的な暴力から生じたのではない。ド・マンが戦時中に執筆した新聞記事、ジャーナリストや学者・識者たちが物した文章、すなわち、種々様々なイデオロギーを内包する「テクスト」の「効果(effect)」(p. 339)として出来したのだ。戦争や革命といった、世の中を揺るがし、後に大きな影響を残すような出来事(ウィーナーのような歴史学者なら、歴史的事件と呼ぶだろう)は、武器等による物理的な力のみによってもたらされるわけではない。ミラーが果敢に強調するように、「戦争」とは、いかなるものであれ、「徹頭徹尾「テクスト的(textual)」なのだ」(p. 339)。「脱構築批評」に敵意を抱く論者たちは、この精読的実践が社会的・政治的な現実を無視し、真実の不可能性を喧伝してきたと即断する。だが、これも事実とは異なる。ド・マンやデリダの著作を注意深く、真剣に読み解こうとする姿勢があるなら、彼らの仕事が文学や哲学のテクストだけではなく、社会的・政治的現実というテクストの精緻な「読み」を通して、両者の関係を真摯に分析・考察するものであることが理解できるだろう。「読むこと」の不在はこれほどまでに深刻なのだ。

真実の不可能性を喧伝しているとして批判された「脱構築批評」には、「虚無的(nihilistic)」という形容詞が幾度となく押し付けられてきた。ミラーの説明を借用するなら、「虚無主義(nihilism)」とは本来、「最高位の価値が、それを支えるのに不可欠と思われてきた超越的根拠の消滅によって、その地位＝価値を失う際に」(p. 339)出来する精神状態(戸惑い・不安)を意味する。つまり、今そうした事態に直面し、戸惑っている(虚無主義に陥っている)のは、いわゆる「脱構築者」ではない。反—「脱構築者」の方なのだ。「脱構築」という新種の批評実践の台頭で、それまで守り抜いてきた自らの価値観や方法が大きく揺り動かされることを懸念するあまり、自身の負の姿をド・マンやデリダの方に巧妙に移し替えているのだ。

ウィーナーは、「脱構築」の実践を虚無的と糾弾する一方で、「権威主義的(authoritarian)」とも言い放っている。こうした暴言が真っ当に意味を成さないことは言うまでもない。いまさら説明するまでもないことだが、ド・マンの実践する「読み」は、テクストを構造、組織〈有機体〉、進化、流派、歴史的コンテクスト等々といった堅固で恣意的な枠組み(ミラーはそれを、ド・マンのキー・ワードに因んで、「美学的な王国＝領域(aesthetic realm)」と呼んでいる)から、可能な限り自由にしようとする。ミラー曰く、「脱構築は〔…〕多種多様な方法で、私たちを、総体化する(totalizing)思考、全体主義的な(totalitarian)思考から解き放とうとしているのです」(p. 339)。

先にも触れたように、「脱構築」に関する最も由々しき無理解の一つは、その批評実践が読者や批評家の「主体」や「意図」に関わるものとして思念されていることだ。「批評家は意味を創造する（ことができる）」(p. 340)。「脱構築批評」を説明すると思われるこうしたクリシェは、次第に過激さを増し、最後には、「脱構築者は、自分の思いのままに、勝手気儘に意味を創造することができる」といった見解にまで突き詰められることになる。こうした誤解は現在に至ってもなお、払拭し切れてはいない。益々そうしたクリシェが広がるばかりだ。因みに、「AがBを脱構築する」と言われるとき、Aとして想定されているのは、われわれの「主体」でもなければ、「意図」でもない。AもBも、「言葉」あるいは「テクスト」なのだ。さらに言うなら、「脱構築」が最も根本的な現象として暴き出すのは、「AがA自体を脱構築する」、すなわち、デリダ、バーバラ・ジョンソンが、それぞれ「差延」、「内的差異（批評的差異）」という表現で示そうとした「言葉」や「テクスト」の内的な揺動に他ならない。われわれは、こうした揺動に手を貸すことはできない。それは、まさに阻止できないものとして、「言語」・「テクスト」の内に到来するのだ。

　ド・マンを糾弾しようとするウィーナーは、『読むことのアレゴリー』の最終章（第一二章）として収録された『告白』論のなかに、ド・マン自身の「自伝的要素」を読み取ろうと躍起になる。この論考は過去の重罪に対するド・マンの「言い訳」を正当化するための、まさに「アレゴリー」だ、というわけである。しかしながら、こうした主張は、このルソー論でド・マンが提起しようとした問題の本質を完全に逸脱している。とりわけ精密にテクストを読まなくても、そうした失敗は容易に回避できたはずである。ド・マンが提示しているのは、ルソーの告白（言い訳）と重ね合わせにされた自己の告白（言い訳）などではない。そうした告白（言い訳）の無力さについては、おそらく他の誰よりもよく弁えていたに違いないからだ。ド・マンが語っているのは、純粋に言語の問題であって、それ以外の何ものでもない。より正確に言うなら、「言い訳」と題されたこの論考は、言語の行為遂行的な次元と事実確認的な次元との永続的な不整合・不一致を暴き出そうとしているのだ。人は「言い訳」という言語行為を繰り返すことで、自身が払拭したいと願う罪に益々深く取り込まれていく。この論考の趣旨はそこにある。ルソーの「言い訳」が何らかの「アレゴリー」だとしても、それはあくまで、「言い訳」の不可能性を語るものとして受け止められねばならないのだ。

だが、以上のような的外れな詮索以上に深刻なのは、ド・マンが主著のタイトル中に据えた、「アレゴリー(Allegories)」という枢要な用語の意味を、ウィーナーがまったく把握できていないことである。ド・マンがこの用語を、従来の文芸用語的な意味(「寓意」、「寓話」等)を大幅に超出したものとして使用していることは、既に明らかである。それは、言語あるいはテクストに必然的に内包される二律背反的な機制を、いわば総称的に指し示すものとして用いられているのだ。より簡明に言うなら、「アレゴリー」とは、一つのものの中で真逆のベクトルを有する二つの意味ないしは解釈の可能性が確認され、その答えをどちらか一方に決することが永遠に不可能であるような事態を指し示している。[11] ウィーナーがこの書物を読んでいることに疑念が向けられたとしても、致し方ないと言う他ないだろう。

ミラーは最後に、ド・マンに下された「反歴史的(antihistorical)」という評価を、論敵レントリッキアやウィーナーの決定的な過ちとして批判している。「反歴史的」という言い方にも、確かに幾分の理はある。だが、ド・マンが批判しているのは、旧来型の伝統的な歴史観や歴史学の方法であることに注意しなくてはならない。伝統的な歴史学者たちは、「文学」と「歴史学」を峻厳に区別し、前者を「虚構」、後者を「事実」の領分に位置づける。だが、同じ歴史学者であっても、『物語としての歴史——歴史の分析哲学』(一九六五年)で知られるアーサー・C・ダントや、『メタヒストリー』(一九七三年)の著者として名高いヘイドン・ホワイトらは、歴史的な事実・真実なるものは、実体的・客観的に措定されるものではなく、あくまでも言語による事後的な物語化によって仮構されるに過ぎない、と考える。つまり、「歴史」と「虚構(物語)」は、伝統的な歴史学者たちが言うほど隔ってはいないということだ(因みに、フランス語の《histoire》は、「歴史」、「物語」双方の意味を併せ持つ)。ド・マンの歴史観も、ダント、ホワイトらのそれとほぼ同じ位置にある。ド・マンは、文学、歴史など、「物語」として言語的に仮構されるものと、因果関係の外部で無数に到来するもの(すなわち、この世に生じ来るすべてのもの)を、それぞれ「事実(facts)」、「出来事(events)」という表現で厳密に区別している。[12] 文学研究と歴史を切り離しているとしてド・マンを非難する歴史学者ウィーナーには、この文学理論家の斬新な歴史観の意味を正確に把握している様子はない。そもそも、「文学」と「歴史学」を「虚構」/「事実」として峻厳に区別していたのは、伝統的な歴史学者たちの方ではなかったか。ド・マンは、「文学」と「歴史学」を切り離すのではなく、「物語」という同じ地平において、あくまでも言語という観点から、両者の関係を確認しようとしているのだ。

「文学理論」への抵抗

「ポール・ド・マン事件」とは、はたして何だったのか。ミラーの文書=論考は、最後に再度この問いと向き合うことで、ウィーナーへの批判・反論を結んでいる。この騒動がド・マンへの洪水のような誹謗・中傷を巻き起こした理由は、「明白な愚かさや無知」(p. 341)も含め、実に様々なものが考えられよう。ミラーの言を借りるなら、まさに「多元的に決定されている(overdetermined)」(p. 341)のだ。

だが、ここでミラーが重視し、繰り返し強調していることを考慮するなら、騒動の主要な原因・動因は、概ね以下の二つに絞られるであろう。一つは、ド・マン批判に余念のない論客側に著しい、「読むこと」の決定的な不在。そしてもう一つは、ド・マンをスケープ・ゴートに仕立て始動された、「脱構築」そのものへの無理解および抵抗である。

ミラーは、ド・マンが死の数日前、「問題=危機は計り知れません(the stakes are enormous)」(p. 341)と彼に語ったことを告白している。そのとき、ド・マンが読んでいたのは、『ザ・ニュー・クライティアリアン』誌に掲載された、ルネ・ウェレック(一九〇三—九五年)の無知と悪意に溢れる論考だった。ウェレックは、親しげな献辞を付して、死の床にあるド・マンにそれを届けたのだ。論考は、ド・マン、デリダ、そしてミラーも含め、いわゆる「脱構築批評」の実践者たちを、「文学研究破壊(Destroying Literary Studies)」(p. 341)の罪で告発していた。論調は明らかにウィーナーと同質であり、情報はやはり、マス・メディアや学会のゴシップ記事等から掻き集められたものだった(13)。

ミラーも付言するように、「問題は計り知れません」というド・マンの発言は、彼個人に対する誹謗・中傷だけを念頭に為されたものではない。当然想像されることだが、ド・マンは、「文学理論」という同じ学問分野の業績を有するウェレックから(14)、自分の仕事を「文学研究破壊」と断罪された瞬間、まさに計り知れない「問題＝危機」を予感したに違いない。ド・マンがアメリカの地で為そうとしたのは、言語テクストを揺るぎない一貫性・安定性・体系性をそなえた（審）美的・有機的な対象として思考すること（彼はそうした姿勢を「美学イデオロギー（aesthetic ideology）」と呼んでいる）ではなく、その内部に、自体の揺動化・差延化の契機を孕む動的錯綜体として捉えることであった。換言するなら、それは「全体化する思考」、「全体主義的な思考」の危険性に対して、敢然と抗戦を構えることだった（ミラーはいみじくも、ド・マンが思い描いたこの抗戦＝防御戦を「永久戦争（perpetual war）」（p. 341）と表現している）。だが、こうした「読み方」（ミラーはそれを、「よく読むこと（good reading）」、「修辞的に読むこと（rhetorical reading）」、そして「脱構築的に読むこと（deconstructive reading）」と言い換えている）は、アメリカ言論界・学界のアレルギー反応を引き起こすだけだった。アメリカだけではない。世界の由緒ある新聞・雑誌（『ニューヨーク・タイムズ』、『ニューズウィーク』、『ザ・ウォールストリート・ジャーナル』、『ラ・カンゼンヌ・リテレール』、『フランクフルター・アルゲマイネ・ツァイトゥング』等々）もこぞってド・マン批判の記事・文書を掲載し、交戦の姿勢を貫いたのだ。糾弾の対象は、ド・マン初期の文章、人格、「脱構築」を越え、「脱構築」の後台頭する「新歴史主義」等にも向けられた。理由は同じ。批判派が「左翼の新しい文化物質主義」と断じるこの研究実践もまた、旧来の「規範的な（canonical）」文学研究を破壊するものとして忌避されたからである。

　思い起こすなら、ド・マン自身も既に、こうした「理論への抵抗」を日々痛烈に体感させられていた。死後刊行された『理論への抵抗』（一九八六年）に収められた、これまた「理論への抵抗」と題する論考のなかで、ド・マンは次のように述べている。

他の人々によってなされたより広範囲の、より説得力に富む議論をこうして簡潔なかたちで思い起こしてみると、文学理論のうちの何が脅威的で、かくも強い抵抗と攻撃を引き起こすのかという最初の問題に対する答えが見え始める。文学理論はイデオロギーの作用のメカニズムを暴露することによって、根深いイデオロギーを転覆させてしまうのである。それは、美学を主要部分として含む強力な哲学的伝統に反対する。それは文学作品の確立された規範を転覆させ、文学的言説と非-文学的言説との間の境界線を曖昧にする。それは暗に、イデオロギーと哲学のつながりをも明らかにするだろう。(15)

ここで「文学理論」と言うとき、ド・マンが「脱構築」を念頭においていることは言うまでもない。「ド・マン事件」が起こる以前から既に、「脱構築」への嫌悪感・恐怖感は、いわゆる右派・左派を問わず、欧米の言論界・学界に蔓延していたのだ。多少誇張気味とも思えるが、ミラーは当時のそうした不穏な動静について、「政治的両「陣営」(右派・左派)の文書=論考の明白な目的は、ド・マンの著作全般と彼の関係者たちの著作を可能な限り失墜させ、抹消すること、そして、それらを教えること、学生たち——あるいは、すべての人たち——がそれらを読むことを妨げることなのです」(p. 341)と述べている。まさに、現代の大掛かりな「禁書・焚書運動」とも言うべき事態が出来していたのだ。こうした異常な空気はやがて、「脱構築」を皮切りに、「新歴史主義」など、新種の研究方法全般にも波及することになるだろう。

先に述べたように、ミラーがいみじくも「暴力」(p. 342)と呼ぶド・マン糾弾者たちの仕草は、二種類の深刻な原因・動因から生じている。それらは、二つの不在、そして二つの抵抗と深く関わっている。他ならぬ、二つの不在とは「読むこと」の不在、「理解すること」の不在。そして、二つの抵抗とは「読むこと」への抵抗、「理論」への抵抗である。

おわりに

ド・マンが戦時下に執筆した新聞記事の発見から始まった一大騒動(いわゆる「ポール・ド・マン事件」)は、明確な経緯の説明・確認も公正な裁定もきちんと為されぬまま、人々の記憶から徐々に忘れ去られつつある。あれほど過熱・狂乱化した論争は、結局何事もなかったかのように収束しようとしているのだ。とはいえ、ド・マンが負わされてしまった悪しきイメージは決して払拭されてはいない。それは現在でもなお、人々の心に拭い難く纏わり続けている。その後、糾弾者側の行き過ぎた主張に疑問を感じ、この問題を冷静沈着に捉え直そうと努力した人たちも少なからずいたには違いない。だが、ド・マンの名を聞くと、半ば反射的に、彼を「ナチス・ドイツ」や「反ユダヤ主義」に結びつけようとする傾向は、依然至る所に存在する。残念ながら、日本においても事情は変わらない。いわゆる「欠席裁判」の形で繰り広げられたこの諍いごとの被害者は、最初から「親ナチ的」あるいは「対独協力的」と断じられ、数々の不条理な雑言を一方的に浴びせ掛けられるしかなかったド・マンだったと言えるだろう。有罪は最初から決定されていたのだ。

繰り返しになるが、そこには「読むこと」が決定的に欠けていた。この論争に加わったいったいどれだけの者が、『ル・ソワール』紙等に掲載されたド・マンの記事を精読していただろうか。ウィーナーのような人物が、問題とされる記事に誠実に目を通していたという印象は、露ほども感じられない。発言や文書＝論考が言論界・学界に多大な影響（効果）を及ぼす存在であっただけに、怠惰・無責任の誹りを免れることはないだろう。

これも繰り返しになるが、「ド・マン事件」の舞台には、ド・マンという一人の学者に託《かこつ》け、「脱構築」や「新歴史主義」など、新種の「読み方」を執拗に封じ込めようとする意図が明白に漂っていた。既にこの世にないド・マンなど、単なる人身御供に過ぎなかったのだ。ド・マンの糾弾者たちを真に突き動かしていたのは、自分たちがこれまで守り抜き、権威・権限を維持してきた旧来型の研究法が、「脱構築」等、外来新種の到来により、決定的な「破壊」を被るのではないかという、強迫めいた不安・恐怖に他ならない。「ポール・ド・マン事件」。それは、四十数年前に書かれ、精査・精読も施されていない記事を盾に繰り広げられた、愚かしき知の戦争だったと言っても、おそらく過言ではないだろう。

【註】

（1）一九四四年生まれ。ミラーは後にカリフォルニア大学アーヴァイン校に転出するが、ウィーナーは同校の著名な歴史学教授。

（2）J.Hillis Miller,《An Open Letter to Professor Jon Wiener》, in *Responses : On Paul de Man's Wartime Journalism*, Werner Hamacher, Neil Hertz, and Thomas Keenan, eds, University of Nebraska Press, 1989, pp.334-342. 以後、この書物からの引用は、頁数のみによって示すことにする。

（3）該当する主な記事・文章は以下のものである。《Deconstructing de Man》, *The Nation*, January 9, 1988 /《The Responsibilities of Friendship: Jacques Derrida on Paul de Man's Collaboration》in *Critical Inquiry*, vol.15, No.4, Summer 1989.

（4）ミラーは一九八七年に同名の著作を発表し、ド・マンのために一章を割いている（『読むことの倫理』伊藤誓・大島由紀夫訳、法政大学出版局、二〇〇〇年）。

（5）ウィーナーは、ド・マンが『ル・ソワール』紙に寄稿した記事数についても誤った情報を伝えている。彼によれば記事は全部で九二篇だが、実際は一七〇篇である（p.338）。彼はいったいどこでこの数字を確認したのだろうか。ド・マン批判を仕掛ける前に、彼が『ル・ソワール』紙を読んでいなかったことは明白である。

（6）該当する書物は、*Pouvoirs de l'horreur; Essai sur l'abjection*, Seuil, 1980（邦訳：『恐怖の権力――「アブジェクション」試論』枝川昌雄訳、法政大学出版局、一九八四年）と思われる。

（7）対独協力作家、すなわち「コラボラトゥール」を指す。

（8）三者――とりわけ、ブラジヤック、ラ・ロシェル――に関するこれらの記事については、本書第二章（「ポール・ド・マンと二人のコラボラトゥール」）を参照せよ。

（9）この点については、一九八七年一二月三日、現在の『ル・ソワール』紙に、ジョルジュ・ゴリリという人物が同じ趣旨の証言を寄せている。

（10）本書【コラム】①を参照せよ。

(11) この問題については、拙著『ポール・ド・マン――言語の不可能性、倫理の可能性』、岩波書店、二〇一二年、第Ⅲ章（「アレゴリーの諸相」）を参照せよ。

(12) 詳しくは、註（11）に挙げた拙著、第Ⅳ章（「歴史（学）という陥穽」）を参照せよ。

(13) ド・マンを学問的な営為という視点からではなく、スキャンダラスなゴシップという視座から取り上げようとする傾向は根強いが、その最たる書物としては、例えば以下のものを挙げることができるだろう。David Lehman, *Signs of the Times; Deconstruction and the Fall of Paul de Man*, Poseidon Press, 1991. / Evelyn Barish, *The Double Life of Paul de Man*, Liveright Publishing Corporation, 2014. 参考までに、前著の裏表紙に印刷されたロバート・オールターなる人物の宣伝・推薦文を紹介しておこう。「デイヴィッド・リーマンは、われわれの時代の重大な知的スキャンダルの一つについて、明晰かつ、入念に立証された、控え目ながらも痛烈な報告を提供している。その内容は、以下のような、連続する三つの段階に及んでいる。戦時ベルギーにおける、ポール・ド・マンの対独協力者（コラボラトゥール）としての活動。アメリカの学界で崇敬される人物になるにつれ、自身の過去を隠すために築き上げた、沈黙と虚偽の外面。そして、たぶんこれが最も衝撃的だが、彼の友人や弟子たちが、彼とファシズムとの関わりを軽減し、無罪放免、言い逃れのために物した評釈の乱痴気騒ぎ」。

(14) 周知のとおり、ウェレックにはオースティン・ウォーレン（一八九九―一九八六年）との共著、*Theory of Literature*, Harcourt, Brace, and Co., 1949（邦訳：『文学の理論』太田三郎訳、筑摩書房、一九八五年）等、文学理論に関する多くの著作がある。

(15) ポール・ド・マン『理論への抵抗』大河内昌・富山太佳夫訳、国文社、四〇頁。

【参考文献】

Barish, Evelyn. *The Double Life of Paul de Man*, Liveright, 2014.

Cohen, Tom. Cohen, Barbara. Miller, J. Hillis. and Warminski, Andrzej. eds., *Material Events: Paul de Man and the Afterlife of Theory*, University of Minnesota Press, 2001.

Cohen, Tom. Colebrook, Claire. and Miller, J. Hillis. eds., *Theory and the Disappearing Future: On de Man, on Benjamin*, with a manuscript by Paul de Man, Routledge, 2012.

de Man, Paul.《Literary History and Literary Modernity》, in *Blindness & Insight: Essays in the Rhetoric of Contemporary Criticism*, Second Edition, Methuen, 1983.

——. *Wartime Journalism, 1939-1943,* edited by Werner Hamacher, Neil Hertz, and Thomas Keenan, University of Nebraska Press, 1988.

——. *Romanticism and Contemporary Criticism: The Gauss Seminar and Other Papers*, edited by E. S. Burt, Kevin Newmark, and Andrzej Warminski, Johns Hopkins University Press, 1993.

——. *The Paul de Man Notebooks*, Martin McQuillan (ed), Edinburgh University Press, 2012.

Derrida, Jacques.《Like the Sound of the Sea Deep Within a Shell: Paul de Man's War》, in *Responses: On de Man's Wartime Journalism*.（ジャック・デリダ「貝殻の奥に潜む潮騒のように」島弘之訳、『現代思想』一九八九年四月号。［抄訳］）

——. *Mémoires pour Paul de Man*, Galilée, 1988.

——. *Signéponge*, Seuil, 1988.（ジャック・デリダ『シニェポンジュ』梶田裕訳、法政大学出版局、二〇〇八年）

Farias, Victor. *Heidegger et le nazisme*, Editions Verdier, 1987.（ヴィクトル・ファリアス『ハイデガーとナチズム』山本尤訳、名古屋大学出版会、一九九〇年）

Hamacher, Werner. Hertz,Neil. and Keenan, Thomas. eds., *Wartime Journalism, 1939-1943*, University of Nebraska Press,

1988.

Hamacher, Werner. Hertz, Neil. and Keenan,Thomas. eds., *Responses: On de Man's Wartime Journalism*, University of Nebraska Press, 1989.

Jay, Gregory S..《Paul de Man: The Subject of Literary History》, in *Comparative Literature*, Vol. 103, December 1988.

Johnson, Barbara. *The Critical Difference: Essays in the Contemporary Rhetoric of Reading*, Johns Hopkins University Press, 1980.（バーバラ・ジョンソン『批評的差異——読むことの現代的修辞に関する試論集』土田知則訳、法政大学出版局、二〇一六年）

——. *Persons and Things*, Harvard University Press, 2008.

Kristeva, Julia. *Pouvoirs de l'horreur; Essai sur l'abjection*, Seuil, 1980（ジュリア・クリスティヴァ『恐怖の権力——「アブジェクシオン」試論』枝川昌雄訳、法政大学出版局、一九八四年）

Lehman, David. *Signs of the Times; Deconstruction and the Fall of Paul de Man*, Poseidon Press, 1991.

McQuillan, Martin. *Paul de Man*, Routledge, 2001.（マーティン・マックィラン『ポール・ド・マンの思想』土田知則訳、新曜社、二〇〇二年）

——. *The Political Archive of Paul de Man: Property, Sovereignty, and the Theotropic*, Columbia University Press, 2012.

——. *The Paul de Man Notebooks*, Edinburgh University Press, 2012.

Miller, J. Hillis. *The Ethics of Reading: Kant, de Man, Eliot, Trollope, James, and Benjamin*, Columbia University Press, 1989.（J・ヒリス・ミラー『読むことの倫理』伊藤誓・大島由紀夫訳、法政大学出版局、二〇〇〇年）

——.《An Open Letter to Professor Jon Wiener》, in *Responses : On Paul de Man's Wartime Journalism*, Werner Hamacher, Neil Hertz, and Thomas Keenan, eds., University of Nebraska Press, 1989.

——. *Others*, Princeton University Press, 2001.

Newmark, Kevin.《Paul de Man's History》, in *Reading de Man Reading*, edited by Lindsay Waters and Wlad Godzich, University of Minnesota Press, 1989.

Norris, Christopher. *The Deconstructive Turn: Essays in the Rhetoric of Philosophy*, Methuen, 1983（クリストファー・ノ

リス『脱構築的転回——哲学の修辞学』野家啓一・有馬哲夫・森本浩一訳、国文社、一九九五年）
Ponge, Francis. *Le Parti pris des choses*, Gallimard, 1942.（フランシス・ポンジュ『物の味方』阿部弘一訳、思潮社、一九八四年）
Redfield, Marc.《Professing Literature: John Guillory's Misreading of Paul de Man》, in *Legacies of Paul de Man*, Fordham University Press, 2007.
Terada, Rei.《Seeing Is Reading》, in *Legacies of Paul de Man*, edited by Marc Redfield, Fordham University Press, 2007.
Walia, Shelley. *Edward Said and the Writing of History*. Icon Books/Totem Books, 2001（シェリー・ワリア『サイードと歴史の記述』永井大輔訳、岩波書店（ポストモダン・ブックス）、二〇〇四年）
Wellek, Rene and Warren, Austin, *Theory of Literature*, Hacourt Brace, and Co., 1949.（ルネ・ウェレック／オースティン・ウォーレン『文学の理論』太田三郎訳、筑摩書房、一九八五年）

*

アデア、ギルバート『作者の死』（一九九二年）（高儀進訳、早川書房、一九九三年）

石川文康『カント入門』筑摩書房（「ちくま新書」）、一九九五年。

コンパニョン、アントワーヌ・『文学をめぐる理論と常識』中地義和・吉川一義訳、岩波書店、二〇〇七年。

巽孝之『盗まれた廃墟——ポール・ド・マンのアメリカ』彩流社、二〇一六年。

土田知則『ポール・ド・マン——言語の不可能性、倫理の可能性』岩波書店、二〇一二年。

デリダ、ジャック「差延」、『哲学の余白』上、高橋允昭・藤本一勇訳、法政大学出版局、二〇〇七年。

——『パピエ・マシン』上、中山元訳、筑摩書房（「ちくま学芸文庫」）、二〇〇五年。

ド・マン、ポール『理論への抵抗』大河内昌・富山太佳夫訳、国文社、一九九二年。

——『ロマン主義のレトリック』山形和美・岩坪友子訳、法政大学出版局、一九九八年。

——『美学イデオロギー』上野成利訳、平凡社、二〇〇五年。

――『読むことのアレゴリー――ルソー、ニーチェ、リルケ、プルーストにおける比喩的言語』土田知則訳、岩波書店、二〇一二年。

――『盲目と洞察――現代批評の修辞学における試論』宮﨑裕助・木内久美子訳、月曜社、二〇一二年。

中島敦「文字禍」、「悟浄出世」、「かめれおん日記」、『中島敦全集』第一巻、筑摩書房、二〇〇一年。

福田和也『奇妙な廃墟』筑摩書房（「ちくま学芸文庫」）、二〇〇二年。

リラ、マーク『シュラクサイの誘惑――現代思想にみる無謀な精神』佐藤貴史・高田宏史・中金聡訳、日本経済評論社、二〇〇五年。

ル・クレジオ、J・M・G『物質的恍惚』豊崎光一訳、岩波書店（「岩波文庫」）、二〇一〇年。

あとがき

二〇一二年一二月に刊行された『ポール・ド・マン――言語の不可能性、倫理の可能性』(岩波書店)は、長年四苦八苦しながら読み進めてきた、この稀代の文学理論家について、私なりの見解を提示するものであった。入門書あるいは解説書として受け止められた向きもあるが、決してそうではない。そこには、一人の読者の、「読むこと」に対する格闘と逡巡の跡が深く刻み込まれている。それはいわば、研究者としての私のスタンスを決定づける書物だったと言えるだろう。

今回の書物、『ポール・ド・マンの戦争』は、前著とは少々趣きの異なるものになった。そこで追跡されているのは、理論的な問題に関わることというより、むしろド・マンの社会的、現実的な生のあり方だからである。きっかけになったのは、一九八七年に突如生じた「ポール・ド・マン事件」と称される一大騒動である。欧米の言論界に限らず、日本においても話題となったこの「事件」により、ド・マンは一躍、親ナチ・反ユダヤ主義の論客としてその名を認知されることになった。だが、私にとって、これはどう見ても異常な事態としか思えなかった。曲がりなりにも、ド・マンの書物と長く接してきた私には、この脱構築の実践者を、ナチズムや反ユダヤ主義と結びつけることはできなかったのである。

ド・マンははたして親ナチ的・反ユダヤ主義的な人物だったのか。本書はひとえに、そうした問題をめぐって書かれている。結局は曖昧なまま幕を閉じたこの論争について、自分なりの考えをまとめておきたかった、ということだろうと思う。

ドイツ占領下時代に書かれた数多くの新聞記事、「歴史」から「言語」へという大胆な思考転回、「物質性」に向けられた強靭な視線、アメリカ脱構築(ディコンストラクション)派の総帥としての輝かしい業績。そして、それらの局面において生じた幾多の批判と抵抗。J・ヒリス・ミラーは、「戦争」とは徹頭徹尾「テクスト的」だと述べているが、テクストと向き合い続けたド・マンの人生は、常に「戦争」のような空気に包まれていたのかもしれない。

本書のタイトルは、ジャック・デリダが一九八八年に発表し、『応答――ド・マンの戦時ジャーナリズムについて』(一九八九年)にも収録されている論考、「貝殻の奥に潜む潮騒のように(Comme le bruit de la mer au fond d'un coquillage / Like the Sound of the Sea Deep Within a Shell)」のサブタイトル、「ポール・ド・マンの戦争(La guerre de Paul de Man / Paul de Man's War)」から借用した。本書が、ド・マンの抱え続けた様々な意味での「戦争」に幾ばくかの光を当て、この文学理論家の足跡を照らし出すことに少しでも成功しているなら、それに勝る喜びはない。

本書を構成する論考・【コラム】のうち、雑誌初出のものは以下のとおりである。第五章は書き下ろした。

「「卑俗な」という危うげな一語に託して――ポール・ド・マンの選択――」、『思想』第九九二号、二〇〇六年一二月(第一章)

【コラム】①〈資料〉「ドイツ占領下時代の新聞記事　四篇」、『思想』第九九二号、二〇〇六年一二月

「ポール・ド・マンと二人のコラボラトゥール」、岩野卓司・若森栄樹編『語りのポリティクス――言語／越境／同一性をめぐる8つの試論』、彩流社、二〇〇八年（第二章）

「歴史から言語へ――ポール・ド・マンの言語論的転回――」、『思想』第一〇五九号、二〇一二年七月（第三章）

【コラム】②〈資料〉「ドイツ占領下時代の新聞記事　五篇」、『思想』第一〇五九号、二〇一二年七月

「ポール・ド・マンと「物質性」に関する二つの解釈系列」、『思想』第一〇七一号、二〇一三年七月（第四章）

【コラム】③〈資料〉「第二次世界大戦時代の著作　三篇」、『思想』第一〇七一号、二〇一三年七月

本書の刊行については、彩流社の高梨治さんに大変お世話になった。心よりお礼を申し上げたいと思う。

二〇一八年四月三日

土田知則

◉マ行

◉ヤ行

◉ラ行

◉ワ行

◉タ行

◉ナ行

◉ハ行

人名索引

※「ポール・ド・マン」は本書全篇で言及されているため割愛した。

◉ア行

◉カ行

◉サ行

【著者】
土田知則
…つちだ・とものり…
1956年、長野県に生まれる。
1987年、東京大学大学院人文科学研究科博士課程単位取得退学。
現在、千葉大学大学院人文科学研究院教授。専門はフランス文学・文学理論。
著書に、『現代文学理論 —— テクスト・読み・世界』（共著、新曜社）、
『プルースト 反転するトポス』（新曜社）、『間テクスト性の戦略』（夏目書房）、
『ポール・ド・マン —— 言語の不可能性、倫理の可能性』（岩波書店）、
『現代思想のなかのプルースト』（法政大学出版局）ほか、
訳書にマーティン・マックィラン『ポール・ド・マンの思想』（新曜社）、
ジャック・デリダ『そのたびごとにただ一つ、世界の終焉』（全2冊、共訳、岩波書店）、
ポール・ド・マン『読むことのアレゴリー
—— ルソー、ニーチェ、リルケ、プルーストにおける比喩的言語』（岩波書店）、
バーバラ・ジョンソン『批評的差異 —— 読むことの現代的修辞に関する試論集』
（法政大学出版局）ほかがある。

フィギュール彩 101
ポール・ド・マンの戦争《せんそう》
二〇一八年五月三〇日　初版第一刷

著者 —— 土田知則
発行者 —— 竹内淳夫
発行所 —— 株式会社 彩流社
〒102-0071
東京都千代田区富士見2-2-2
電話：03-3234-5931
ファックス：03-3234-5932
E-mail：sairyusha@sairyusha.co.jp
印刷 —— モリモト印刷（株）
製本 —— （株）難波製本
装丁 —— 仁川範子

ISBN978-4-7791-7103-1 C0310
http://www.sairyusha.co.jp

フィギュール彩

《既刊》

㊿ 盗まれた廃墟
ポール・ド・マンのアメリカ

巽 孝之◉著

定価(本体 1800 円＋税)

知の巨人ポール・ド・マンを脱構築する！

旧大陸ヨーロッパにおいて政治的に挫折した自身の過去を清算し、新大陸アメリカにて新たな自分自身を再創造しようとしたド・マン。パラノイドと反知性主義が蔓延する時代に、ド・マンはどのようなアメリカの夢を見たのか、そしていかにして独自の脱構築戦略を練り上げたのか？

アメリカ文学思想史最大の謎にアメリカ研究の第一人者が挑むエキサイティングな論考！

詳細を極める「ポール・ド・マン関連年譜」「索引」付き！